POCHES PRATIQUE
ODILE JACOB

MON ENFANT S'OPPOSE

GISÈLE GEORGE

MON ENFANT S'OPPOSE

Que dire ? Que faire ?

Odile Jacob
pratique

15, rue Soufflot, 75005 Paris

www.odilejacob.fr

ISSN : 1767-2384

ISBN : 978-2-7381-2146-2

Sommaire

TROISIÈME PARTIE
L'AIDE DES PROFESSIONNELS

Avant-propos

Pourquoi ce livre ? Comment s'en servir ?

Connaissez-vous cette blague ? Quatre mères juives s'assoient sur un banc au square.

La première dit : « Oye, Oye, Oye » et émet un long soupir.

La deuxième émet un long soupir et dit : « Poï, Poï, Poï. »

La troisième : « Vaï, Vaï, Vaï. » (*Soupir*.)

La quatrième : « Bon. Et si on arrêtait de parler de nos enfants ? »

Ces mères qui s'inquiètent pour leur(s) enfant(s) sont universelles. Combien de fois vous êtes-vous dit : Il m'a encore fait un caprice (il me teste), il a piqué une grosse colère (il veut me rendre chèvre), il a un blocage scolaire (il fait exprès de ne plus travailler à l'école), il est en pleine crise d'adolescence (il me cherche) ?

Et si enfin on osait parler des difficultés que l'on rencontre au quotidien avec ses enfants ? Si on reconnaissait ouvertement qu'avec la meilleure volonté du monde, les conflits existent, persistent et peuvent parfois remettre en cause le fonctionnement familial ? Pourtant, vous n'êtes ni des bourreaux, ni des monstres venus d'une autre planète, et ce que vous demandez à vos chers bambins n'a rien d'extraordinaire.

À leur naissance, vous étiez pleins de bonne volonté et vous pensiez qu'avec tout l'amour que vous leur destiniez, ils accepteraient tout de vous. Vous imaginiez que vous réussiriez à être différents de vos parents. Que vous sauriez mener à bien leur éducation, que vos attitudes seraient immédiatement comprises par votre progéniture sans ressentiment aucun. Que tout se passerait sans heurt. Sans conflit.

Vous aviez dans la tête l'image d'un enfant idéal et des principes éducatifs parfaits. Vous aviez même décidé de faire un certain nombre de sacrifices pour y arriver. Et voilà que l'ingrat se rebelle, va mal, refuse ce que vous aviez décidé de lui apporter. Il s'oppose sans vous donner d'explication. Il vous rend « malade », vous fait « tourner en bourrique », vous oblige à être autoritaire, à entrer dans une relation conflictuelle.

L'éducation sans souci n'existe pas. Élever des enfants est source de stress. Tout particulièrement lors des phases d'opposition qui peuvent entraîner des difficultés relationnelles familiales, sociales et/ou avoir un retentissement scolaire.

Dans ma pratique de pédopsychiatre, je rencontre souvent des parents désorientés et anxieux. Régulièrement, j'entends leur sentiment d'impuissance ou d'incompréhension devant un changement subit d'attitude chez leur enfant, surtout s'il devient opposant.

J'ai aussi constaté, au cours de mes thérapies, qu'en expliquant les étapes clefs du développement psychologique de l'enfant, qu'en déculpabilisant les parents et en leur donnant les moyens de faire face, les troubles s'amendaient en quelques séances. Il n'y a là rien de miraculeux.

La discussion avec un personnage extérieur à la famille, la mise à distance affective de la relation parents-enfants et quelques conseils techniques permettent de dédramatiser les comportements problèmes. Les parents s'aperçoivent souvent, lors d'une consultation thérapeutique, qu'ils connaissaient déjà les solutions qu'ils devaient adopter pour remédier à la situation. Mais que leur inquiétude les avait empêchés de les appliquer.

Les explications du thérapeute, son absence d'angoisse et ses préconisations permettent, la plupart du temps, à une famille en souffrance de prendre le recul nécessaire, de mettre en place les éléments du changement et de continuer à fonctionner sans aide extérieure.

Alors, je me suis dit qu'un livre pourrait avoir le même rôle. Qu'il pourrait vous préparer à faire face aux périodes d'opposition que vous vivrez (inévitablement). Qu'il vous aiderait à comprendre pourquoi, à un moment donné, votre enfant vous pose un problème. Qu'il vous permettrait de décoder ce que cet être en plein développement cherche à exprimer, de mieux saisir pourquoi il utilise des systèmes aussi paradoxaux que le refus ou l'opposition.

Avec ce livre, je voudrais vous donner les moyens de dédramatiser, d'éviter de culpabiliser, de faire face. Enfin vous faire connaître aussi les techniques des professionnels qui, associées à la connaissance de votre enfant, mèneront au changement.

Il ne s'agit pas de remèdes tout faits que vous auriez à appliquer à la lettre. Même les plus grands cuisiniers vous diront que c'est votre touche finale et personnalisée qui rend leurs recettes incomparables. Vous, vos enfants, vos principes éducatifs sont uniques. Je vous donnerai seulement les quelques « ingrédients » nécessaires pour que vous vous sentiez le plus proche de vos désirs éducatifs tout en respectant la personnalité et les besoins de votre enfant.

Pour mieux vous aider à agir, j'ai choisi de diviser mon propos en trois grandes parties. La première vous donnera toutes les informations nécessaires avant d'envisager le moindre programme d'action ; vous comprendrez notamment ce qu'est l'opposition et pourquoi vous y serez inévitablement confronté lors de l'éducation de votre enfant. Dans la deuxième partie, entièrement consacrée au changement, je vous apprendrai, successivement, à évaluer puis à analyser le problème que vous rencontrez ; parvenu à ce stade, vous pourrez, alors, mettre au point la méthode de changement qui amènera votre enfant à modifier son comportement. Vous verrez qu'il ne s'agit pas de transformer un être qui cherche à trouver sa personnalité, mais de l'aider à le faire selon un mode d'expression accepté par son environnement et, en même temps, bénéfique pour lui. Si, toutefois, vous aviez, en plus de ce livre, besoin de l'aide d'un spécialiste, la dernière partie devrait vous permettre de choisir la thérapie adaptée à votre situation et le thérapeute qui vous convient.

PREMIÈRE PARTIE

Comprendre pour mieux réagir

Qu'est-ce que l'opposition ?

Chapitre 1

Un drame dans votre vie quotidienne

Acte I : l'action

Ma fille Daniella, deux ans, refuse de manger avec moi. Dès que je l'appelle, elle se précipite à table mais avant même de goûter le plat, le repousse en disant « pas bon ». Si j'insiste, elle garde la nourriture longtemps dans la bouche puis la crache.
Elle me rend malade, je ne sais plus quoi faire ! J'ai peur qu'elle fasse une anorexie mentale à l'adolescence. C'est sûrement de ma faute, quand elle avait onze mois, je venais d'accoucher de son frère, j'étais fatiguée et j'ai confié les repas à quelqu'un d'autre qui n'a pas su lui donner le plaisir de manger.

Il peut paraître surprenant de voir comment un « petit bout » est capable de créer un tel désarroi chez sa mère. L'observation dans le cadre domestique de mères et d'enfants non encore scolarisés a montré que des conflits mineurs se produisaient toutes les trois minutes et que des conflits plus graves éclataient à raison de trois par heure[1].

Plus l'enfant est petit, plus ce type d'antagonisme est fréquent. Les conflits avec des enfants de deux ou trois ans surviennent deux fois plus souvent qu'avec des enfants de quatre ou cinq ans. Les mères de tout-petits ressentent parfois une tension et une fatigue telles qu'on est allé jusqu'à les décrire comme des « victimes non reconnues[2] ».

De combat en combat

Observons la situation entre Daniella et sa mère. Elle est typique de ce qui se passe entre un enfant qui s'oppose et ses éducateurs. Cela ressemble étrangement à un combat de boxe. D'un côté, un géniteur qui essaye de faire de son mieux ; de l'autre, un enfant qui cherche le conflit et, enfin, tout autour, des commentateurs.

• Dans un tel contexte, il n'y a que deux issues au combat :

1. La victoire de l'un des adversaires. Chacun des protagonistes va utiliser une palette d'attitudes allant de la séduction à l'intimidation. Le but est d'épuiser l'autre afin d'obtenir le gain du match. « C'est une question d'autorité, il faut que mon enfant comprenne que c'est moi qui commande ! »

L'ennui, c'est que vous allez entrer dans une escalade de conflits et qu'il vous faudra de plus en plus d'agressivité pour rester vainqueur. De son côté, votre enfant va développer des trésors d'ingénuité pour vous faire perdre. Et méfiez-vous, dans ce type de lutte, il finit toujours par gagner !

2. Le match nul. Les conflits deviendront quotidiens et tous les sujets prétextes à querelles. Vous vivrez un rapport de force permanent qui certes, sera équilibré, mais ne ressemblera pas à l'idée que vous vous faisiez de la communication avec votre descendance.

• Sur le total des matchs, vous aurez de toute façon perdu.

En effet, vos enfants savent parfaitement vous « gratter par là où ça vous chatouille ». Plus ils sont proches de vous, mieux ils connaissent vos points faibles. Et ils sauront les utiliser pour arriver à leurs fins. Ils ne le feront pas forcément consciemment, ils ne seront pas fiers de leur victoire. Sur le moment, bien sûr, ils seront contents de voir le pouvoir qu'ils peuvent exercer sur vous. Mais après, ils le regretteront et s'angoisseront.

> Un enfant sait très bien lorsqu'il a dépassé certaines limites. Si vous le laissez trop faire, il aura l'impression soit qu'il n'est pas normal, soit que vous ne l'aimez pas.

• Au bout du compte, il y aura donc deux perdants et une relation parents-enfant marquée par une tension permanente et une perte de confiance. La notion de famille volera en éclats, et l'amour des uns pour les autres se retrouvera relégué au dernier plan.

> Alors dès à présent, cessez le combat ou évitez d'entrer dans le conflit !

Nous verrons tout au long de ce livre comment désamorcer les querelles et trouver un terrain d'entente où aucun des protagonistes n'a le sentiment d'être lésé.

Les commentaires

Mais revenons à notre combat de boxe, et parlons maintenant des commentateurs. Ils sont comme ces journalistes sportifs qui, de leur chaise, voient tout, savent tout et gagnent tous les matchs mais qui, sur le terrain, auraient les mêmes difficultés que les joueurs. Cela ne les empêche nullement d'asséner des remarques catégoriques, bien pensantes et culpabilisatrices.

> Au hit-parade des réflexions inutiles et insupportables, vous aurez des : « il n'y a qu'à... » ; « il faut que... » ; « moi, de mon temps... » ; « les enfants, il ne faut rien leur céder... » ; « il y a des fessées qui se perdent... » Et d'autres plus efficaces encore pour culpabiliser des parents déjà angoissés : « C'est de ta faute ! », « C'est normal, quand un enfant va mal, il suffit de regarder les parents et on comprend ! »

Vous pensez, peut-être, qu'en tant que « psy », nous savons en toutes circonstances faire face aux comportements de nos propres enfants.

Certes, bien assis derrière notre bureau, il nous est assez aisé de vous aider à trouver des solutions. Mais face à notre progéniture, nous sommes presque aussi désarmés que vous. Notre formation nous sert uniquement à voir très rapidement que nous sommes dépassés, que nous entrons dans un processus de lutte et qu'il nous faut l'aide d'un arbitre neutre.

> Aussi, quelles que soient les réflexions de votre entourage, évitez de croire que vous êtes de mauvais parents. Prenez votre culpabilité et mettez-la dans une poubelle.

Il n'existe ni éducation, ni parents, ni enfants parfaits. Il y a d'abord beaucoup d'amour et ensuite quelques « trucs ». Les deux conjugués permettront, dans la plupart des cas, de rétablir une communication parents-enfant de bonne qualité.

Il vous faudra sans cesse évoluer, vous adapter, négocier. Il est difficile d'avoir à tout moment le bon comportement, la bonne attitude ou le bon mot.

> Alors acceptez, dès à présent, certains échecs sans perdre confiance en vous, sans remettre en cause vos principes éducatifs ou l'amour que votre enfant vous porte.

Quelqu'un peut-il intervenir ?

Dans notre comparaison sportive, nous n'avons pas évoqué le rôle que pourrait avoir un arbitre.

Je ne parle pas d'un individu froid comptant les points gagnants de part et d'autre et sanctionnant les fautes mais d'une personne dont l'expérience professionnelle lui permet d'avoir une neutralité bienveillante face à la situation conflictuelle. Ses connaissances en psychologie et sa distance affective vont vous aider à analyser les problèmes sous tous les angles et à les dédramatiser.

La plupart du temps, il ne fera qu'exprimer ce que vous saviez déjà, mais vous aviez tellement le « nez dessus » que vous ne pouviez plus voir l'essentiel. Son travail consistera essentiellement à mettre les choses à plat, à bien distinguer la situation réelle et le vécu que vous en avez. Il pourra aussi faire la part entre les conflits dits « normaux » (nous le verrons dans les chapitres ultérieurs) et une pathologie avérée de votre enfant.

Nous vous donnerons en fin de livre les moyens de choisir l'arbitre le plus adapté à vos besoins.

Acte II : la réaction

Il faut que vous sachiez que ce n'est pas seulement le comportement opposant de votre enfant qui vous posera des problèmes mais aussi la façon dont vous vivrez cette situation, c'est-à-dire la façon dont vous allez réagir.

Pourquoi Daniella, en disant « pas bon », provoque-t-elle un tel désarroi chez sa mère ? Après tout, qu'un enfant refuse de manger un repas est assez banal. Ce qui fait que la situation va se répéter et provoquer un conflit, c'est votre réaction.

Votre attitude va dépendre de deux éléments consécutifs : l'interprétation imaginaire de la scène et le vécu émotionnel de la situation.

L'interprétation imaginaire

Toute situation est analysée par notre cerveau sous deux angles :

1. Un angle externe (ou objectif). C'est l'observation des faits. Dans notre exemple, Daniella dit que ce n'est pas bon, elle a bien mangé le matin, elle est bien portante.

2. Un angle interne (ou subjectif). La société, notre histoire personnelle, notre éducation, nos expériences positives ou négatives de la vie nous ont amenés à avoir des règles de conduites et des mécanismes de pensées stéréotypés. Avant même de devenir un père ou une mère, vous aviez déjà des croyances sur l'art et la manière d'être un bon ou un mauvais parent.

Ainsi, la maman de Daniella, en voyant sa fille refuser de manger, a immédiatement pensé à sa propre adolescence (« c'est sûr, elle va devenir anorexique à l'adolescence ! »). À cet âge, elle avait eu des difficultés relationnelles avec sa propre mère, lesquelles s'étaient traduites par un refus alimentaire. D'où la « croyance » qui ne la quitte plus désormais : lorsqu'un enfant refuse de manger, c'est forcément qu'il est en conflit avec sa mère !

> Si vous y réfléchissez un peu, vous verrez que vos références sont le fruit de votre expérience personnelle. Vous vous êtes dit, par exemple, que vous feriez comme votre mère (votre père) ou surtout pas comme vos parents ! Vous avez anticipé sur la relation que vous auriez avec votre enfant, non pas en fonction de ce qu'il est, mais en fonction de ce que vous aviez vécu dans votre propre enfance.

L'ennui avec ces croyances, c'est qu'elles sont impératives et s'activent sans que nous en ayons conscience. Face à une situation donnée, nos émotions, nos pensées, nos actions ne résultent pas que des faits réels. Lorsqu'elle dit : « C'est de ma faute », la mère de Daniella *croit* que le « pas bon » est le moyen pour sa fille de lui dire qu'elle est en conflit avec elle.

Ces idées impératives et stéréotypées ont été étudiées par les spécialistes – les psychanalystes les appellent « idées inconscientes[3] » ; les cognitivistes, « croyances irrationnelles[4] ». Ces mêmes spécialistes ont aussi montré que l'humain était capable de filtrer ces pensées en fonction de son état émotionnel. C'est le second élément que nous allons étudier.

L'état émotionnel

Reprenons le « pas bon » de Daniella.

On peut émettre de nombreuses hypothèses pour expliquer son refus : c'est vraiment mauvais ; elle n'a pas faim ; elle est malade ; c'est une « casse-pieds » ; et peut-être même qu'elle est réellement en conflit avec sa mère. Ces différentes hypothèses sont plausibles.

L'analyse de toute situation par le cerveau se fait en fonction des données réelles et imaginaires qu'il a à sa disposition. Il essaye de donner à chacune des hypothèses interprétatives un pourcentage de probabilité (« cette interprétation-là est plus vraisemblable car il y a beaucoup d'arguments en sa faveur et peu en sa défaveur »).

Si c'était un ordinateur, il vous listerait toutes les hypothèses avec un pourcentage précis de vraisemblance et vous n'auriez plus qu'à choisir la plus probable. C'est ce que certains ont appelé le traitement de l'information[5].

Mais nous ne sommes pas des machines et l'étalonnage des probabilités est en réalité influencé par nos émotions[6].

Si la mère de Daniella a choisi comme hypothèse la plus probable que le « pas bon » voulait dire « je suis en conflit avec toi », c'est parce qu'elle est anxieuse (« j'ai peur »). Son angoisse a donné une valeur plus importante à l'hypothèse du conflit mère-fille.

> D'une façon générale, nos émotions influent sur nos choix de pensées. Si vous êtes d'humeur joyeuse, vous valoriserez les hypothèses agréables et positives. Anxieux, vous ne verrez que les risques de danger ; déprimé, vous n'aurez que des idées noires.

Prenons un autre exemple.

J'observe souvent chez des enfants, en général, bons élèves, cette croyance irrationnelle : « Je dois être le meilleur à l'école pour plaire à mes parents. » Imaginons maintenant que les parents d'un de ces petits écoliers disent : « Tu n'es pas le premier en classe, mais nous sommes fiers de tes notes. »

Le résultat du traitement de l'information par l'enfant sera différent suivant ce qu'il éprouve. Joyeux, il sera peut-être soulagé (« Ouf ! ils m'aiment toujours ! »). Anxieux, il ne sera pas convaincu (« Ils disent ça pour me faire plaisir, mais je sais bien qu'ils sont déçus »).

En fait, notre écolier commet deux erreurs de raisonnement. La première est de croire que les notes ont un rapport avec l'amour que les parents portent à leur enfant. La seconde est de se laisser dicter sa réaction par ses émotions.

Poursuivons.

Il vous est déjà arrivé de sursauter dans la rue en ayant peur ? Dans un deuxième temps seulement, vous avez réalisé que vous aviez entendu un bruit de klaxon. Votre cerveau a été plus rapide : il a immédiatement analysé ce bruit comme un élément de danger, et il a essayé de vous y soustraire. À froid, c'est-à-dire dans un troisième temps, vous avez analysé la situation et décidé s'il fallait vous rassurer ou bien continuer à agir pour vous protéger.

> Nos réactions sont donc le résultat d'un travail intellectuel et émotionnel assez complexe. S'il m'a fallu quelques pages pour vous le décrire, le cerveau, lui, ne met que quelques centièmes de secondes pour l'exécuter.

Au terme de mon explication, vous allez me dire qu'il est impossible de connaître toutes nos croyances irrationnelles et de contrôler en permanence nos émotions ! Que vous allez forcément faire des erreurs d'interprétation face aux actions de vos enfants. Et c'est vrai !

Vous n'êtes pas des machines, vous êtes des parents. Et comme tous les parents, vous allez vous tromper. Sachez, toutefois, que vos enfants ont les mêmes processus de pensées que vous et que ces processus aboutissent aux mêmes effets. Ainsi, si Daniella a continué de refuser de manger c'est que, face au désarroi de sa mère, elle a conclu à tort qu'il fallait qu'elle poursuive dans son refus alimentaire.

Vous voyez ainsi comment la séquence action-hypothèse fausse-réaction-hypothèse fausse-contre-réaction… aboutit à une incompréhension mutuelle et fait naître des conflits, surtout si l'action ou la réaction sont des comportements d'opposition.

À RETENIR

Ce n'est pas l'opposition qui est gênante mais ses conséquences conflictuelles. Si elles s'installent, c'est parce qu'il y a, à un moment donné, impossibilité pour les protagonistes de communiquer verbalement ou d'exprimer ce qui est ressenti émotionnellement.

Acte III : épilogue

Maintenant, vous avez compris qu'il n'est pas aisé de contrôler ses réactions et qu'il n'est pas facile non plus de deviner ce qui se passe dans la tête d'un enfant, *a fortiori* s'il ne sait pas encore parler. Alors, il n'est pas question d'entrer dans un conflit dont on ne connaît pas l'origine ! Et il n'est pas nécessaire de culpabiliser puisque vous n'êtes pas devin !

Ne personnalisez pas le problème : votre enfant peut tout à fait refuser d'aller se mettre en pyjama car, depuis trois mois, il est angoissé à l'idée de faire des cauchemars et, donc, recule le moment du coucher.

> Votre problème est de rétablir coûte que coûte la communication sur un autre mode que le conflit et l'opposition.

Reprenons l'histoire de Daniella qui refusait de manger.

Durant l'entretien, nous apprenons d'autres éléments. Le soir, la maman donne d'abord à manger au petit frère (un an). Puis, elle installe les deux « grandes » (quatre ans et deux ans) ensemble dans la cuisine.

Elle les surveille tout en préparant le repas de son mari. En réalité, Daniella refuse les plats préparés mais accepte et ne veut qu'un biberon de lait.
Moyennant quoi, nous avons décidé avec la maman :
1. D'arrêter de culpabiliser : on peut être fatigué quand on a eu trois grossesses en quatre ans.
2. D'arrêter de personnaliser : cette petite fille n'est pas en conflit avec sa mère ; elle ne refuse pas de manger, elle ne veut que du biberon le soir.
3. D'arrêter le combat : le plat et le biberon sont présentés conjointement ; Daniella choisit de manger ce qu'elle veut ; la mère ne fait aucun commentaire sur le choix mais félicite sa fille si elle mange (même une seule cuillerée) le plat.
Les choses ont alors évolué rapidement. Daniella a d'abord pris systématiquement le biberon, puis a mixé et, enfin, a mangé son repas arrosé de quelques tétées.

Une fois la situation dédramatisée, il a été plus facile de comprendre que cette petite fille n'était pas encore prête à être promue au rang de « grande ». Elle revendiquait encore son statut de « bébé » qui lui avait été ravi par l'arrivée du petit frère.

Au cours de la psychothérapie, la mère a pu se rendre compte qu'il s'était produit des interférences et qu'elle avait réagi en fonction de son propre vécu. Autrement dit, qu'elle avait confondu les difficultés qu'elle avait rencontrées dans son enfance et ce qu'elle vivait avec sa fille.

Comme avec la maman de Daniella, nous vous proposons de signer une charte avec nous afin de désamorcer les situations conflictuelles.

La charte	
1. Cessez le combat	Vous êtes vaincu d'avance
2. Ne culpabilisez plus	Vous n'êtes pas devin
3. Ne personnalisez pas	Acceptez les échecs (heureusement vous n'êtes pas des parents parfaits !)
4. Observez sans interpréter	Méfiez-vous de vos émotions
5. Rétablissez coûte que coûte la communication	Opposition et conflit n'ont jamais rétabli le dialogue
6. Trouvez un autre terrain d'entente	Il est plus facile de comprendre « à froid »

Si vous êtes prêt à accepter les trois premières conditions, alors ce livre peut vous permettre de réaliser les trois suivantes.

Chapitre 2

Un comportement complexe et déroutant

L'opposition n'est pas conflictuelle en soi

D'une façon générale, l'opposition peut être définie comme la mise en présence de deux éléments qui ne vont pas dans le même sens. Cela ne signifie donc pas forcément conflit. Ainsi, deux peintres peuvent avoir des styles opposés et pourtant être tous deux talentueux. De même, face à une situation identique, un enfant et un parent peuvent avoir une vision opposée des choses : les impératifs parentaux ne correspondent pas forcément aux impératifs de l'enfant.

Patrick, sept ans, aime bien l'école mais, tous les matins, il faut se battre pour qu'il soit à l'heure. Il a du mal à se lever et joue ensuite avec ses nounours. J'ai beau me fâcher, il ne change pas d'attitude. En vacances, il est pareil mais, là, je ne dis rien, puisqu'il n'y a pas de contrainte horaire.

Patrick est un garçon qui, certes, aime l'école, mais a du mal à quitter le cocon familial. Pour se rassurer, avant de partir, il parle avec ses peluches et leur raconte des histoires. Il peut ainsi partir de la maison tranquillisé.

Il a été proposé à sa maman de le lever un peu plus tôt et de lui laisser le temps de parler à ses nounours. Patrick, en retour, a accepté de s'habiller quand sa mère le lui demanderait. La situation négociée dans le respect des besoins de chacun a permis de résoudre le problème.

L'opposition est nécessaire

L'opposition est si fréquente qu'elle devient souvent un thème de la littérature *(Un bon petit diable, Pinocchio, Le Petit Nicolas)*, de la bande dessinée *(Tintin au pays de l'or noir, Dennis la malice)* ou de cinéma *(Les 400 Coups, Le Tambour, La Guerre des boutons)*.

Prenons l'histoire de Pinocchio dans la version Walt Disney, elle illustre bien que le travail d'éducation est plus qu'un simple modelage et que, pour arriver au statut d'adulte responsable, le petit de l'homme doit passer par un certain nombre d'étapes et de phases d'opposition.

Geppeto, le père, fabrique un dernier pantin, qu'il souhaite comme tout parent, parfait. Au lieu d'être de

bois, Pinocchio révèle une âme d'enfant : il veut tout connaître et tout faire sans limites. Il va donc s'opposer, agir sans réfléchir et même rejoindre le pays où l'on peut tout faire. Mais il a trois protections :
1. Son père, par son amour et sa patience, va l'encourager à développer ses qualités et lui enseigner le respect de soi et d'autrui. Quand son fils commet des erreurs, il ne lui en veut pas et ne remet jamais en cause l'amour qu'ils se portent mutuellement. Il l'aide simplement à retrouver le droit chemin, c'est-à-dire celui qui doit permettre à Pinocchio de connaître ses capacités, ses limites et de les utiliser au mieux pour se sentir en accord avec lui-même.
2. Le grillon parlant est le symbole même de ce que Freud[7] appelle le Surmoi. Les discussions entre l'insecte et le pantin ressemblent aux conflits entre le Ça et le Surmoi. En somme, le grillon est la conscience de Pinocchio. Il tire son savoir de l'enseignement du père et des contraintes liées à la vie en société.
3. Enfin, face à ses erreurs, Pinocchio prend conscience des conséquences de ses actes. Il est là encore aidé par Geppeto mais aussi par la fée qui est, en fait, un symbole maternel.

Vos enfants vont avoir plus ou moins la même histoire que Pinocchio. Grâce à vous, ils deviendront des êtres humains capables de s'épanouir dans le monde qui les entoure.
Vous n'éviterez pas leurs souffrances ni leurs erreurs, et vous vivrez les mêmes angoisses que Geppeto. Vous saurez, toutefois, par votre amour, votre tolérance, l'enseignement de vos expériences et de vos principes éducatifs, les amener à devenir des adultes responsables et

autonomes. En attendant ce jour, les conseils donnés en fin de livre vous permettront de gérer le quotidien.

L'opposition est inévitable

Tous les éducateurs y seront confrontés à un moment ou à un autre. Par exemple, au moment de la découverte du langage, les jeunes enfants découvrent aussi l'impact des mots : certains font plaisir, d'autres sont mal perçus par les parents et peuvent même les déstabiliser. Les petits trouvent ainsi un moyen de s'affirmer et d'exprimer leur personnalité.

François, deux ans, dit systématiquement non à tout. Dès que je lui demande de faire quelque chose, il me regarde droit dans les yeux et refuse avec un sourire de provocation. Ensuite, il attend ma réaction avec un air triomphant.

L'opposition n'est pas uniforme

Elle varie en fonction de l'âge, du sexe, du milieu socioculturel, du milieu familial, de l'environnement. Sa présentation change même en fonction des époques.

Dans son livre Gigi, *Colette raconte l'histoire d'une jeune fille de treize ans élevée par sa tante suivant les principes éducatifs du XIXe siècle. Sans dot, il était bien séant, pour l'époque, d'épouser un riche vieillard. Mais Gigi va refuser tous les « beaux partis » et préférer faire un mariage d'amour avec un homme décrié par la société.*

Nul doute, Gigi était une opposante aux mœurs de son époque. Dans les années 1960, c'est le vieil homme qui aurait été poursuivi pour détournement de mineure...

Au jour d'aujourd'hui, du moins dans certains pays, la question du mariage des jeunes filles passe après les études et Gigi ne serait plus définie comme une rebelle, mais plutôt comme quelqu'un de raisonnable.

La société et ses contraintes évoluent plus vite que les individus. Certains principes deviennent caducs en quelques années. Les parents se retrouvent donc inévitablement confrontés au conflit de générations.

Voici quelques exemples très actuels qui m'ont été rapportés par des parents :

— La sexualité a longtemps été un sujet tabou, mais peut-on garder la même attitude depuis l'apparition du sida ?

— Doit-on interdire la télévision ou s'en servir comme d'un instrument d'apprentissage ?

— Comment ne pas se sentir ridicule lorsqu'un enfant de huit ans sait mieux manipuler le magnétoscope ou le multimédia que vous ?

— On vous a dit que si vous étiez studieux et aviez des diplômes, vous trouveriez tout de suite un travail bien payé. Quel discours peut-on avoir dans un contexte de crise et de chômage ?

— Face à la montée de la violence dans les écoles, doit-on encore se montrer très sévère quand un enfant emploie des « gros mots » ?

Il n'est, bien sûr, pas dans notre propos de répondre à ces questions mais de vous montrer que vous serez confronté à cette différence de génération et aux conflits qu'elle engendre. Et elle est nécessaire !

> Votre enfant doit apprendre à trouver *sa* place au sein de la société dans laquelle il va évoluer. Il doit apprendre à utiliser les systèmes de *son* époque. Toutefois, il doit aussi savoir respecter votre façon de vivre. La vie en famille ou en société est un compromis entre les désirs de l'individu et les contraintes liées au respect de la vie en communauté.

L'opposition est toujours surprenante

Le jeune garçon ou la petite fille qui faisait la fierté de son entourage peut soudain devenir un inconnu qui refuse de se conformer aux consignes habituelles.

Andréa est une jeune fille de treize ans. D'origine espagnole, elle est bilingue et poursuit ses études dans un lycée international où elle est la première de sa classe. Elle fait de la danse, du piano et a remporté de nombreux concours dans ces deux disciplines.
Les parents sont des gens soucieux de l'éducation et de la moralité de leurs enfants. Andréa ne leur pose aucun problème : toujours douce et tranquille, leur « petite fille », « jamais un mot plus haut que l'autre ».
Depuis quelques semaines, ils avaient bien vu que leur fille était plus solitaire et plus renfermée mais ils pensaient que c'était normal à cet âge.

Un soir, pourtant, ils la retrouvent dans un coma léger : Andréa a avalé une boîte entière de somnifères. Elle doit être hospitalisée. Le diagnostic posé est celui d'une dépression majeure.

Les éléments à l'origine de ses difficultés étaient multiples : la puberté dont elle n'avait pas totalement été informée, des conflits relationnels avec ses camarades de classe qui dans l'ensemble critiquaient ses capacités et son côté petite fille modèle ; la pression et l'angoisse qu'elle ressentait face aux épreuves scolaires et artistiques. Mais surtout elle n'avait jamais osé dire non ou refuser quelque chose. Elle essayait et arrivait à se conformer strictement à l'image qu'on avait d'elle.

Après un traitement adapté et des séances de psychothérapie individuelle et familiale, Andréa a pu revendiquer sa différence par d'autres méthodes que le suicide. Elle s'habille à la mode « grunge » avec les vieux vêtements de son père, a coupé ses nattes et ne se coiffe quasiment plus. À la maison, elle exprime ce qu'elle ressent même si parfois c'est un peu « haut et fort ».

Que l'on soit d'accord ou non avec ses choix, Andréa se sent mieux. Elle a de meilleures relations sociales et, malgré des absences dues à son hospitalisation, elle a conservé un très bon niveau scolaire et artistique.

J'imagine très bien votre étonnement et vos doutes. Quoi ? Voilà des parents qui ont prodigué une éducation parfaite, qui avaient une enfant qui réussissait sur tous les plans. Et elle a fini par tenter de se suicider ?

Reprenons les choses objectivement.

Andréa a de réelles capacités pour les études, la danse et la musique. Ses parents ont su l'encourager et lui ont permis d'exercer ses talents dans les domaines qu'elle affectionne. Seulement, elle n'a jamais osé leur faire part de ses difficultés : la peur de l'échec, la frustration liée aux interdits et aux limites éducatives, les conflits qu'elle vivait avec ses camarades. Elle craignait trop de perdre leur amour si elle ne ressemblait pas à l'image qu'ils se faisaient d'elle.

L'opposition verbale est salutaire

Connaissez-vous une seule personne qui ne râle pas quand on lui rappelle les règles de vie en société ou quand on la frustre dans ses désirs (et ils sont illimités chez les enfants) ?

> Le rôle d'éducateur est d'apprendre aux enfants les interdits. Toutefois, il est sain qu'ils puissent exprimer leur intolérance à la frustration et leur ressentiment. L'enfant qui ne peut le faire, pour quelque raison que ce soit, va réagir comme une Cocotte-Minute sans soupape : au bout d'un certain temps, il explose. Si, en revanche, il peut exprimer ses émotions au fur et à mesure qu'elles apparaissent, la « vapeur » libérée soulagera la tension et permettra d'accepter les compromis nécessaires entre ses désirs et les contraintes de la réalité.

Freud a nommé cette tension le conflit entre le Ça (l'ensemble de pulsions archaïques telles que la sexualité, le désir de toute-puissance, l'agressivité, etc.) et le Surmoi (l'ensemble des exigences liées à la vie en société et à sa propre morale interne). Il en résulte un Moi, c'est-à-dire une personnalité structurée, qui est un compromis entre le Ça et le Surmoi et qui s'adapte à l'environnement. Les thérapies comportementales et cognitives de « gestion du stress[8] » insistent sur l'expression des émotions pour diminuer l'anxiété au quotidien.

L'opposition est souvent incompréhensible

C'est pourquoi elle est souvent vécue comme une agression. Il est difficile de saisir immédiatement les raisons de l'opposition d'un enfant. Il ne le sait d'ailleurs pas toujours lui-même.

À quinze ans, Sandrine qui a un léger surpoids décide de faire un régime. Sa mère se propose d'en faire autant mais perd plus vite qu'elle ses quelques kilos en trop. Sandrine ne le supporte pas. « J'avais l'impression, expliquera-t-elle, que j'avais moins de volonté qu'elle. » Elle met alors en place un plan de restriction alimentaire draconien et atteint un tel niveau de maigreur qu'elle doit être hospitalisée.

À sa sortie, au moment où nous la voyons, Sandrine a dix-sept ans et maintient un poids correct pour sa taille. Mais elle impose une véritable tyrannie alimentaire à sa mère. C'est elle qui fait les courses et la cuisine, décide de l'heure des repas, n'hésitant pas à se mettre en colère si sa mère n'obtempère pas. Elle ne supporte pas qu'on puisse manger moins qu'elle, s'irrite facilement et n'accepte aucune remarque, surtout en ce qui concerne son poids ou son alimentation. En consultation, elle dira plusieurs fois : « Ce que je veux, c'est faire ch… ma mère. Quand je ne mange pas, ça la rend malade, je suis plus forte qu'elle. » Elle n'arrivera qu'après de longs mois à se souvenir et à comprendre pourquoi elle est à ce point en colère contre sa mère. Elle dira longtemps : « Je ne sais pas ce qui me pousse à l'agresser ainsi, mais je ne peux pas m'en empêcher. »

La compréhension du problème, dans ce cas précis, était difficile pour différentes raisons :

— La source était trop lointaine pour que la mère ou la fille puissent en retrouver l'origine. Elle se situait hors du champ de conscience de l'adolescente. La théorie psychanalytique dirait qu'elle avait été refoulée dans l'inconscient ; la cognitiviste qu'elle était emmagasinée dans la mémoire à long terme sous forme de croyance.

— La difficulté paraissait indicible pour Sandrine qui préférait ne pas manger plutôt que de parler. Cette attitude peut être le résultat soit de conflits internes (il y a lutte entre les désirs inconscients et les lois sociales), selon les analystes, soit d'erreurs de traitement de l'information (croyance qu'il n'est pas possible de parler), selon les cognitivistes. Quel que soit le concept théorique utilisé, toujours est-il que Sandrine était persuadée que parler directement de ses difficultés était trop dangereux.

— Le problème était déplacé, c'est-à-dire que cette jeune fille acceptait d'exprimer sa colère quand le sujet portait sur la nourriture mais refusait d'affronter la vraie raison de son trouble alimentaire. Il lui paraissait plus facile de se disputer avec sa mère sur sa façon de se nourrir que de discuter sur les véritables motifs qui la perturbaient. Dans ce type de conflit, les protagonistes s'agressent en permanence sans bien savoir pourquoi. Là, un long travail de psychothérapie est nécessaire pour identifier et traiter les mécanismes à l'origine des difficultés. Ce travail se fait le plus souvent selon les principes que nous avons décrits au premier chapitre :

1. Arrêter le combat. On met en place des méthodes visant à stopper les rituels alimentaires et la provocation.

2. Rétablir la communication par une thérapie individuelle et/ou familiale. Le but est d'arriver à se comprendre, à s'expliquer et à se parler autrement que sur le mode de l'agressivité.

L'opposition remet en cause l'éducation parentale

Tous les parents culpabilisent et se demandent « ce qu'ils ont pu faire pour en arriver là ! » Ils ont l'impression d'être accusés par la société (les parents, les beaux-parents, les voisins, etc.) et d'être de mauvais éducateurs. En plus, l'opposition engendre souvent des conflits conjugaux et les réflexions de l'entourage familial sont rarement tendres pour les parents d'enfants difficiles.

Tordons le cou, encore une fois, à la notion d'« éducation parfaite ». Depuis Jean-Jacques Rousseau et son *Émile*, de nombreux auteurs, scientifiques ou non, prônent le modèle de l'enfant parfait. Pourtant, leurs essais sont loin d'être concluants. Émile n'a jamais existé, Itard n'a jamais réussi à éduquer son enfant sauvage et Freud n'a jamais pu laisser sa fille se marier tant il craignait de la perdre.

> Tous les livres qui parlent d'éducation, y compris celui-ci, devraient avoir pour seul but de vous transmettre une expérience et des méthodes pour voir les choses sous un angle différent. Ils n'ont pas à décider pour vous de ce qui est bien ou mal.

Encore un mot, notre société de la fin du XXe siècle distille à travers les différents médias des critères de « perfection » que nous sommes censés atteindre. Ainsi, si vous ne faites pas 55 kg pour 1,80 m, si vous ne passez pas votre journée à faire des soins de beauté et du sport, vous ne ressemblerez pas à ces prétendues beautés parfaites que l'on appelle des mannequins.

Ne soyez plus comme ces milliers de jeunes filles et femmes qui courent désespérément après un poids inatteignable, une taille inaccessible et une jeunesse éternelle. Il n'est pas nécessaire d'être Claudia Schiffer pour être bien dans sa peau.

L'opposition peut devenir délétère

C'est le cas lorsqu'elle se cristallise, engendre des conflits permanents, perturbe le fonctionnement personnel, social, familial ou scolaire de l'enfant.

Estelle a huit ans. Elle a déjà redoublé son CP et risque d'être orientée dans une classe de perfectionnement à la fin de son CE1. Elle refuse de parler et d'écrire, et sa maîtresse ne sait plus quoi faire. Pourtant, à la maison, les parents sont catégoriques, Estelle parle, lit, écrit ou compte tout à fait correctement.

Aucune évaluation de ses apprentissages n'a jamais pu être faite, car Estelle refuse toutes les consignes dès qu'elle est en situation d'examen avec un adulte. Avec ses camarades, en revanche, elle a de bonnes relations et se comporte normalement aux récréations.

En consultation, Estelle refuse de parler ou de dessiner. Mise en groupe thérapeutique avec des enfants de son âge, elle acceptera dans un premier temps de participer à la condition que le thérapeute sorte de la salle. Le temps passant, elle arrivera progressivement à parler puis à travailler en présence de l'adulte. L'évaluation de ses capacités peut enfin être réalisée. Il apparaît alors qu'Estelle est très intelligente et qu'elle a fait effectivement les apprentissages correspondant à sa classe. Le passage dans la classe supérieure et la suite de sa scolarité se dérouleront sans problème.

Cette enfant s'était murée dans un mutisme oppositionnel en milieu scolaire. Elle a failli gâcher sa scolarité et il a fallu toute la patience et la tolérance d'un groupe thérapeutique pour parvenir à lever cette opposition.

Les enseignants et les professionnels de l'éducation se trouvent souvent aussi démunis face à l'opposition d'un enfant que les parents. Ils peuvent parfois entrer dans un combat au détriment de l'élève. Estelle n'avait pas conscience des risques qui pesaient sur son orientation et de ses conséquences à long terme. Si les parents n'étaient pas venus consulter, le mutisme aurait perturbé profondément le devenir de cette petite fille.

L'opposition est très souvent liée à un défaut de communication

L'enfant, à un moment ou à un autre, ne peut exprimer son malaise ou son identité autrement que par un comportement de refus ou d'opposition. Les raisons en sont multiples : absence de maîtrise du langage oral chez les nourrissons, crainte de blesser un parent, peur de décevoir, de mal dire, d'être incompris, éducation qui met en avant le droit des autres avant le sien.

Mme X., quarante-deux ans revient très en colère de chez le marchand de couleurs. Elle vient d'y acheter du papier pour faire de la peinture. Elle émet des pro-

pos racistes sur ces « jaunes » qui sont tous des voleurs (le marchand était vietnamien) et jure de ne plus jamais retourner dans un magasin tenu par des Asiatiques.

Quand je lui demande comment elle a pu être volée, elle me raconte qu'elle avait demandé du papier « trois grains ». Le vendeur lui a répondu qu'il n'en avait plus mais qu'il lui semblait en avoir un équivalent si ça pouvait la dépanner. Mme X. a donc acheté le papier. Mais en arrivant chez elle, et en palpant le grain, elle a réalisé qu'il ne correspondait pas à l'utilisation qu'elle voulait en faire.

Je lui demande pourquoi elle n'a pas eu ce geste dans le magasin. Mme X. m'avoue alors ne pas avoir osé de peur de déranger. Poussée par moi, elle part changer son papier et revient enchantée : le vendeur n'a fait aucun problème, il lui a commandé du papier « trois grains ». Et en discutant, Mme X. a découvert qu'il faisait, comme elle, des aquarelles. Plus question, du coup, de refuser de parler à « un jaune »…

Si j'ai choisi de vous raconter ce cas, c'est pour vous montrer combien il peut être difficile d'exprimer ce que l'on ressent, même quand on est adulte.

Combien de fois n'avez-vous pas osé dire à votre boulangère que vous préfériez la baguette juste à côté de celle qu'elle vous tendait ? Nos interdits, liés à notre histoire et à notre éducation, nous mettent parfois aussi mal à l'aise que nos enfants. À l'instar de Mme X., il vous est peut-être arrivé de penser qu'il fallait changer de boulangerie car, dans celle-là, le pain n'était pas bon. Vous avez fait de l'opposition par manque de communication…

L'opposition peut être pathologique

Elle se traduit alors par un comportement perturbateur permanent, qui entrave de manière grave les rapports de l'enfant avec sa famille, ses pairs et son activité scolaire ou sociale. Nous consacrerons un chapitre entier à cette forme de trouble oppositionnel.

À RETENIR

Les caractéristiques de l'opposition

1. L'opposition n'est pas conflictuelle en soi.
2. L'opposition est nécessaire.
3. L'opposition est inévitable.
4. L'opposition n'est pas uniforme.
5. L'opposition est toujours surprenante.
6. L'opposition verbale est salutaire.
7. L'opposition est souvent incompréhensible.
8. L'opposition remet en cause l'éducation parentale.
9. L'opposition peut devenir délétère.
10. L'opposition est très souvent liée à un défaut de communication.
11. L'opposition peut être pathologique.

Chapitre 3

Un passage obligé dans le développement de votre enfant

L'opposition est un comportement auquel vous serez confronté tout au long du développement de votre enfant. Vous la retrouverez régulièrement par vagues, à des moments clés de la vie de votre progéniture. Vous ne l'éviterez pas, quoi que vous fassiez.

L'opposition fait partie du développement normal de l'enfant

Le développement psychologique de l'enfant se fait par étapes organisatrices[9]. À chaque étape, il apprend de nouvelles stratégies adaptatives et prend de nouvelles responsabilités. Il doit renoncer au fur et à mesure à ses croyances infantiles et découvrir la réalité du monde adulte.

Ces passages de caps ne se font pas sans difficulté psychologique, et votre enfant peut l'exprimer par une attitude de refus et d'opposition.

François a quatre ans. Sa maman dit qu'il est jaloux depuis que sa petite sœur est née. Il ne s'approche pas d'elle sauf pour la taper. Il refait pipi sur lui dans la journée et, le soir, refuse de s'endormir si sa mère n'est pas à côté de lui. Il est tout le temps collé à elle, fait des scènes quand elle l'emmène le matin à la maternelle, se met en colère dès qu'elle lui refuse quelque chose. Du coup, elle n'a plus le temps de s'occuper comme elle le voudrait de sa sœur : « Je suis épuisée et plus je le lui dis, plus il devient infernal. »

Essayons de comprendre le cheminement de ce garçon.

1. Première étape. François est seul au monde aux yeux de ses parents. Chaque progrès qu'il fait lui donne l'impression d'être le roi, tant son papa et sa maman paraissent contents. Il se croit l'unique amour de sa mère qui lui donne tout ce dont il a besoin. Bref, il pense contrôler la situation et ses parents.

2. Deuxième étape. Soudain, sans qu'il comprenne comment, un autre enfant apparaît. Sa mère ne lui accorde plus le même temps, il est obligé de la partager. Et quand il est à l'école, sa petite sœur peut profiter de sa maman pour elle toute seule.

3. Troisième étape. Jaloux, François ? Pas vraiment. Seulement, sa croyance enfantine d'être le seul amour de sa mère est sérieusement remise en cause. Alors qu'il se croyait tout-puissant, voilà que tout s'effondre. Et il en souffre. On parle parfois de « position dépressive[10] » pour qualifier cet état.

Vous avez à peu près ressenti les mêmes émotions si vous repensez à ce que vous avez vécu lors de la perte d'un être cher ou lorsque vous avez été malade. Parce que, comme nous tous, vous aviez en vous la croyance irrationnelle d'être immortel.

Vous êtes alors successivement passé :

— par une phase dépressive de remise en question de votre croyance ;

— par une période de réparation sur le thème du « comment continuer à vivre en sachant qu'il y a une fin ? » À plus ou moins long terme, vous avez trouvé en vous et dans votre environnement les moyens de vous adapter à votre nouvelle conscience de la vie.

> En termes psychologiques, nous appelons ce processus de réadaptation « faire son travail de deuil ». Il s'agit d'une nouvelle étape dans notre vie : nous abandonnons nos anciennes croyances au profit de nouvelles, plus adéquates. Ces étapes sont fondamentales pour continuer à évoluer, mais elles ne se font pas sans souffrance et peuvent même être responsables de pathologies comme la dépression.

François doit faire aussi ce travail, remettre en question ses anciennes croyances et trouver les moyens de vivre aussi heureux qu'avant. Au moment de la consultation, il cherchait comment y arriver. Voici ce qu'il en disait :

« Si je tape ma sœur, elle va se casser, on devra la jeter à la poubelle. » Ou encore : « Quand je fais des colères, je vois bien que maman est fâchée mais elle est obligée de s'occuper de moi. Pas de ma petite sœur ! »

L'aide apportée par la thérapie et la compréhension dont a fait preuve sa maman ont permis à François de « faire son deuil ». Il a maintenant réalisé que sa mère l'aime tout autant, qu'elle est toujours aussi fière de lui, qu'il peut être « un grand frère », sans avoir besoin d'accaparer toute l'attention.

Les grandes étapes de l'émancipation

Élever un petit homme, c'est permettre à un bébé complètement dépendant de sa mère de devenir un adulte autonome qui saura trouver sa place au sein de la société. Pour y arriver, il devra, certes, utiliser votre expérience mais aussi faire les siennes propres. Quand il s'oppose, il cherche à vous montrer qu'il a une personnalité et qu'il peut se détacher de vous.

Il faudra, bien sûr, canaliser ce désir de liberté, mais s'il n'existait pas, l'enfant ne pourrait pas accéder à l'indépendance. Il manquerait de curiosité, ne ferait aucun apprentissage scolaire et refuserait tout contact avec une société qui lui apparaîtrait dangereuse en comparaison du cocon familial.

Là encore, l'évolution se fait par étapes, rythmée par le développement psychomoteur de l'enfant et le déroulement de sa scolarité.

Le développement psychomoteur

➤ Vers deux mois : les premiers sourires dirigés

Jusque-là, ils apparaissaient sans raison. Maintenant, votre bébé s'oriente vers le visage des gens et il leur sourit en réponse à une stimulation.

➤ Vers huit mois : la phase d'individuation

Votre bébé comprend qu'il peut avoir une vie à lui et des relations sociales nouvelles. Jusque-là, il passait de bras en bras sans manifester d'inconfort. Maintenant, cela n'est plus aussi facile et il se met parfois à hurler quand certaines personnes le prennent.

Autour d'un an : les débuts de la marche

Votre bébé sait déjà prendre des objets, appuyer sur les boutons, dévisser les bouchons. Fort de ses nouvelles capacités, il va maintenant tout essayer : le magnétoscope, les prises électriques, les produits d'entretien dangereux, etc. Vous allez devoir tester votre autorité ; lui testera vos limites. Nul doute qu'il vous faudra vous fâcher plusieurs fois avant qu'il n'accepte de ne plus toucher certains objets et de ne pas courir partout. Il n'est pas nécessaire d'être agressif pour autant : le visage sévère et fermé d'un parent est largement suffisant.

Rappelez-vous, n'entrez pas en conflit, votre nourrisson ne fait que tester les limites de son environnement.

➤ Vers deux ans : l'apprentissage du langage

Votre bébé comprenait déjà beaucoup de choses, mais l'accès à la communication verbale va accélérer son processus de socialisation. Jusque-là, lorsqu'il jouait, il restait le plus souvent à côté des autres enfants ; maintenant, il entre en interaction avec eux. Ce qui suppose le début du non et de l'opposition verbale. Nous y reviendrons plus loin.

➤ Vers deux ans et demi : la maîtrise des sphincters

La motricité des sphincters anaux et urinaires est désormais suffisamment développée pour permettre à votre enfant de se contrôler. C'est le moment de lui apprendre la propreté. Attention, là encore, des conflits peuvent surgir. Nous en reparlerons.

La scolarité

➤ L'entrée en maternelle

Elle marque la fin de l'état de nourrisson. Le petit quitte un milieu protégé (famille, crèche, nourrice) pour évoluer dans un monde où tout ne lui est pas dû. Il va devoir utiliser ses capacités physiques, langagières et sociales afin de marquer son territoire et faire sa place dans cette minisociété qu'est la classe.

➤ Le CP

Il lui confère ensuite le statut d'enfant ayant la responsabilité d'être un futur homme – « Tu dois travailler, si tu veux avoir un beau métier plus tard. » On lui demande d'accéder à la connaissance, de prouver ses capacités et de manipuler correctement les lois sociales.

➤ L'arrivée en seconde

À la fin de sa puberté, il ne lui reste que peu de temps pour montrer qu'il a acquis le statut d'adulte. En quelques années il devra choisir son futur métier, maîtriser sa sexualité, se défendre face à la concurrence, envisager de fonder une famille et devenir un citoyen en participant par son vote à la vie politique de son pays.

Les parents, aussi, évoluent

En regard de l'évolution de votre enfant, il vous faudra, vous aussi, passer des caps : admettre que votre bébé puisse se débrouiller sans vous en maternelle ; reconnaître que, parfois, votre enfant en sait plus que vous ; accepter que votre adolescent(e) vous trouve « trop vieux » pour comprendre, alors que du haut de votre quarantaine, vous vous sentez au maximum de vos possibilités. Les années passant, il vous faudra accepter d'intervenir de moins en moins dans sa vie et, enfin, accéder au statut de grands-parents.

> Ce n'est pas un hasard si les phases d'opposition apparaissent essentiellement à ces moments clés. Elles correspondent non seulement au besoin d'indépendance de votre progéniture mais aussi au travail que vous devez effectuer pour que votre enfant puisse atteindre cette autonomie.

Six mois après son entrée en maternelle, Anthony pleurait encore tous les matins lors du départ de sa mère. Aux dires de la maîtresse, qui devait presque pousser la maman hors de la salle de classe, il restait ensuite une heure sans rien dire, refusant de faire quoi que ce soit. Puis, petit à petit, il s'intégrait, participait, discutait avec ses camarades. Curieusement, ce comportement d'opposition n'apparaissait jamais lorsque le papa accompagnait Anthony à l'école.
La mère raconte qu'elle a arrêté de travailler dès qu'elle a appris qu'elle était enceinte. Elle était ravie.

Elle rêvait de devenir « mère au foyer ». Seulement, l'accouchement a été difficile et le bébé si souvent malade par la suite qu'elle a renoncé à avoir d'autres enfants et s'est consacrée uniquement à Anthony.

Elle n'acceptait pas l'idée qu'il aille en maternelle. Elle le trouvait trop jeune et craignait qu'il ne soit trop fragile. Lorsqu'il était à l'école, elle pensait en permanence à ce qui pouvait lui arriver et imaginait toujours le pire. À la moindre goutte au nez, elle était prête à lui faire manquer la classe. Son mari, qui ne supportait pas son attitude et voulait que son fils soit moins couvé, se chargeait alors de l'emmener.

Après quelques consultations, cette maman a pu admettre que son fils devait grandir et qu'elle ne pourrait plus être toujours derrière lui pour le protéger. Une fois l'idée acceptée, l'accompagnement de l'enfant s'est déroulé sans difficulté.

En thérapie, lorsque j'explique le besoin d'autonomie des enfants on me répond souvent : « Mais *je* fais tout pour le rendre autonome ! » On mesure par là combien il est difficile pour certains parents de laisser leur petit faire ses preuves et acquérir, *seul*, son indépendance.

EN RÉSUMÉ

Tous les enfants utiliseront l'opposition soit pour s'adapter à une nouvelle période de leur vie, soit pour acquérir leur autonomie. S'opposer est donc obligatoire et salutaire pour un bon développement. Aussi paradoxal que cela puisse paraître, si votre enfant s'oppose, c'est qu'il va bien !

Chapitre 4

Une atteinte aux lois établies

Pour pouvoir s'exprimer, l'opposition doit enfreindre des lois. Un enfant opposant va donc s'attaquer à celles qui régissent son univers. Elles sont au nombre de quatre.

La famille et ses principes éducatifs

Ce sont les premières lois auxquelles l'enfant va être confronté et cela dès son plus jeune âge : il lui faut apprendre comment se conduire au sein de *sa* famille.

> *Dans le film* La vie est un long fleuve tranquille, *deux bébés sont échangés à leur naissance et élevés dans des familles aux principes éducatifs* très *différents. Quand l'erreur est découverte, ils ont onze ans. On procède au transfert et chacun retourne vivre dans sa famille biologique. Alors ces deux enfants sans problème dans leur famille adoptive vont se retrouver en complète opposition avec leur nouvel environnement…*

Chaque parent s'efforce de transmettre les principes qu'il considère comme les plus adaptés pour que son enfant puisse réussir au mieux sa vie. Certains de ces principes sont archaïques et inconscients (le respect de l'autorité, les codes de vie en société humaine) ; d'autres sont issus de l'éducation des parents (il faut être poli, honnête, travailleur, etc.).

L'éducation, c'est la combinaison des attentes et du passé d'un homme et d'une femme qui vont unir leurs connaissances, leurs désirs et leurs principes pour élever leur enfant. Ils ont donc des normes d'éducation qui, pour une part, sont universelles et, pour une autre, leur sont propres. Ce qui paraît normal à une famille peut être totalement proscrit dans une autre.

> C'est la discordance des comportements d'un enfant au sein de *sa* famille et les perturbations relationnelles qu'elle entraîne qui doivent servir de critère pour parler d'opposition.

La société et ses règles

J'entends par ce terme, non seulement les lois qui régissent la vie en société, mais aussi celles, souvent très fortes, qui existent entre les jeunes.

Le désir de reconnaissance

Les enfants et les adolescents ont leurs propres lois auxquelles ils doivent se soumettre pour pouvoir s'intégrer. Ils sont loin d'être tendres entre eux et il n'est pas toujours facile d'exprimer sa personnalité dans un groupe. Chez certains, s'opposer aux adultes peut alors devenir un moyen de se distinguer et d'obtenir une place particulière parmi leurs pairs.

> *Dans* La Fureur de vivre, *le film culte de James Dean, un groupe d'adolescents mesure le courage par la capacité de conduire à toute allure des voitures vers un ravin. Celui qui quitte le plus tôt l'engin, avant qu'il ne verse dans l'abîme, est considéré comme un lâche. Fatigué de passer pour un couard aux yeux de ses congénères, l'un des jeunes finira par voler un pistolet et par provoquer la police pour qu'on le considère autrement.*

La stratégie du clown

L'opposition aux règles de vie entre jeunes n'est pas toujours aussi extrême. Faites appel à votre mémoire. Vous vous rappellerez le « clown » de la classe, celui qui faisait enrager les professeurs. C'est souvent un élève qui craint par-dessus tout les railleries de ses copains, coutume classique lorsqu'on se trompe à l'école.

Persuadé qu'il va dire ou faire une bêtise et déclencher des rires moqueurs, il préfère susciter de lui-même l'hilarité, pour masquer son incompétence supposée, et gagner la sympathie des autres élèves. L'ennui, c'est qu'il sera considéré comme un provocateur par l'école et que les remarques cinglantes sur son livret ne seront pas du goût de ses parents.

L'enfant et ses propres lois

Au fur et à mesure de ses expériences et de son développement, l'enfant se construit ses propres lois. Elles peuvent se révéler très sévères et sans commune mesure avec les exigences parentales.

Patricia, dix-sept ans, fait des crises de colère très violentes dès que sa mère achète quoi que ce soit à son frère de treize ans. Pourtant, et elle le reconnaît volontiers, les dépenses sont toujours réparties équitablement et aucun enfant n'est lésé. Si Patricia jalouse tout ce que sa mère offre à son frère, elle refuse que celle-ci lui achète quoi que ce soit ! Dès qu'on lui donne de l'argent, elle le garde précieusement sans le dépenser.

La mère de Patricia élève seule ses deux enfants et travaille tard le soir pour subvenir aux besoins familiaux. Elle a donné à son fils et sa fille une certaine conscience de l'argent mais ne leur refuse que rarement quelque chose. Ils sont tous les deux dans des écoles privées et pratiquent l'équitation.

En fait, c'est Patricia qui a décidé *qu'il fallait économiser l'argent si durement gagné par sa mère. Elle s'interdit d'avoir des « besoins inutiles ». Et elle n'arrive pas à comprendre que son frère n'en fasse pas autant et dilapide l'argent de la famille. Elle lui en veut de ne pas avoir le même système de lois qu'elle.*

Dans cet exemple, nous voyons une adolescente se fixer des interdits, qu'on appellera internes, plus sévères que ceux imposés par son éducation. Nous retrouvons, là encore, le Surmoi qui peut être extrêmement rigide et obliger un enfant à obéir à des contraintes particulièrement strictes.

Il est très difficile de s'opposer à ses propres lois, et l'intensité des colères de Patricia montre combien les conflits internes peuvent engendrer de souffrance et de violence.

L'école et ses contraintes

L'école est le second lieu de vie de votre enfant, il va y passer une quinzaine d'années environ. Il paraît assez logique d'y observer des comportements d'opposition.

Les formes possibles d'opposition

À l'école, les contraintes sont importantes et nombreuses : respect de l'autorité, relation avec les pairs et, bien sûr, nécessité d'être performant.

Deux formes d'opposition y sont particulièrement visibles : l'une liée directement au refus du système ; l'autre, plus subtile, où l'enfant se met en situation d'échec pour s'opposer à son milieu familial et manifester ainsi son malaise. C'est souvent le cas lorsque la scolarité occupe une place trop importante dans les rapports d'un enfant avec sa famille.

Il faut certes être vigilant quand on est parent, mais les résultats scolaires et les devoirs ne peuvent être le seul sujet de relation avec son enfant.

Antoine a des difficultés scolaires. Lorsque je le vois, il me dit qu'il déteste l'école, qu'il n'aime pas travailler et qu'il ne fera rien pour s'en sortir.
Il me résume sa vie ainsi. À l'école, il est en situation d'échec ; la maîtresse et ses camarades se moquent de lui. À la maison, dès qu'il rentre, il doit faire ses devoirs avec sa mère. Comme il a d'importantes difficultés, les leçons s'éternisent et se déroulent dans une atmosphère houleuse. En punition de ses mauvaises notes, ses activités de loisirs ont été supprimées et il n'a pas le droit de voir ses copains le week-end. Le soir, lorsque son père rentre, il vérifie les devoirs et se fâche si tout n'est pas bien fait.
Or, en fait, Antoine est dyslexique et dysorthographique. Autrement dit, et en simplifiant, il a besoin d'une méthode d'apprentissage de la lecture et de l'orthographe différente de celle habituellement enseignée à l'école ou par les parents.

Il a fallu faire un travail avec l'école et la famille pour redonner confiance à Antoine et lui faire accepter d'être rééduqué par une orthophoniste. En classe, la maîtresse a été chargée de valoriser les progrès de son élève, si minimes soient-ils. À la maison, les heures de devoirs ont été remplacées par des jeux de société en famille.

La plupart de ces jeux exigent, pour gagner, qu'on applique les apprentissages faits en classe. Ils améliorent les relations familiales, tout en permettant à l'enfant de faire des progrès sans avoir l'impression de faire des devoirs.

L'école et ses rythmes

Le système scolaire impose un rythme et des lois qui sont adaptés à l'ensemble des écoliers mais ne tiennent pas compte des individualités. Au cours de son développement, un enfant peut avoir besoin de régresser ou de prendre son temps pour évoluer.

Mais l'école n'a souvent pas le temps d'attendre et les élèves se retrouvent en décalage, avec un retard qu'ils ont ensuite du mal à rattraper. Comme ils se sentent rejetés du système et non reconnus en tant qu'individus, ils vont s'opposer. Leur malaise peut alors s'exprimer par du désintérêt, de la paresse, de la provocation ou des chutes de rendement.

L'intrication

Résumons les lois auxquelles l'enfant est soumis.

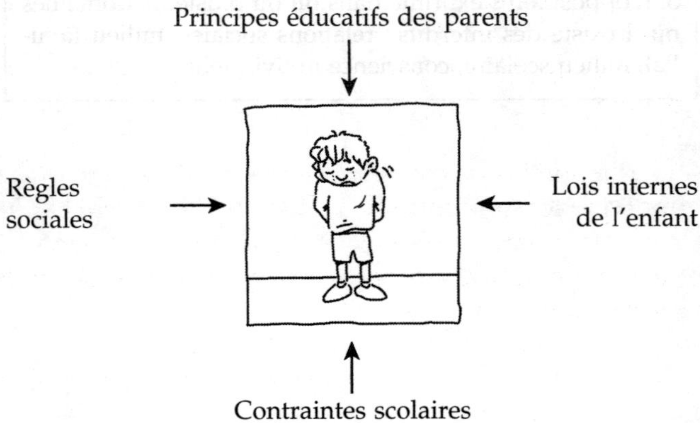

En voyant l'ensemble des lois auxquelles un enfant est soumis, on en déduit :

— qu'il est soumis à de fortes pressions ;

— qu'il doit gérer en permanence l'écart entre ses possibilités et les limites imposées.

Ainsi, un adolescent se sent de plus en plus capable d'être autonome et de gérer sa vie, mais la poursuite de ses études et l'absence d'argent l'obligent à respecter des contraintes qui sont de moins en moins adaptées à ses capacités et à ses désirs d'indépendance. Conséquence : il va plus d'une fois se rebeller face à cette situation.

EN RÉSUMÉ

1. L'opposition fait partie du développement normal de l'enfant.
2. L'opposition est le reflet d'une nouvelle étape de sa vie et de son désir d'indépendance. De ce fait, vous vivrez régulièrement des situations, voire des périodes, où votre enfant sera opposant et cela jusqu'à ce qu'il quitte le foyer familial.
3. L'opposition s'exprime dans un ou plusieurs domaines où il existe des interdits : relations sociales, milieu familial, milieu scolaire, conscience individuelle.

DEUXIÈME PARTIE

Votre enfant s'oppose

Que dire ?
Que faire ?

Première étape Normal ? Pas normal ? Évaluez votre situation

Pour pouvoir parler de conduite « anormale », il faut être en mesure de différencier les comportements normaux qui s'observent au cours du développement d'un enfant de ceux qui sont inquiétants, voire pathologiques. Afin de procéder à cette évaluation, il faut que vous appreniez à observer et déchiffrer certains indicateurs de santé, autrement dit, que vous sachiez repérer les éléments qui, face à l'attitude de votre enfant, doivent vous faire penser qu'il ne s'agit plus d'une « opposition de routine ».

C'est la première étape de votre programme de changement.

Chapitre 5

Un peu de méthode

Voici le problème d'Édouard, huit ans.

> *Sa maman en a assez de le voir encore utiliser son « doudou-tétine ». Malgré ses nombreuses tentatives pour l'encourager à arrêter, il ne peut s'endormir sans. Ce jeune garçon n'a, par ailleurs, aucun problème. Il a beaucoup d'amis et de bonnes notes en classe. On le décrit volontiers comme un enfant plein d'humour et qui ne pose pas de soucis à sa famille. Mme A. insiste pour que j'aide son fils à perdre rapidement son habitude car il doit bientôt partir en classe verte avec ses camarades, et elle craint les moqueries le soir.*
> *Édouard me dit n'avoir aucun souci particulier dans la vie et le doudou y est un peu pour quelque chose. Lorsqu'il est triste ou anxieux, il l'utilise et ça le rassure. Depuis que sa mère lui a parlé des éventuelles moqueries de ses copains, il ne veut plus aller en classe verte, alors qu'il sait qu'il va s'y amuser. Il arrive maintenant à se passer de son doudou dans la journée mais il aime l'avoir avec lui au moment de se coucher.*

Je vous pose la question : qu'est-ce qui est « anormal » dans cette histoire ?

1. L'utilisation d'un « doudou-tétine » à huit ans pour se détendre ?

2. Qu'une maman fasse peur à son fils pour qu'il se sépare d'un objet qu'elle ne veut plus le voir utiliser ?

3. Qu'un enfant ne sache pas faire face aux éventuelles moqueries de ses camarades ?

Si j'avais vos réponses, je suis sûre qu'elles seraient loin d'être unanimes. Tout dépendrait de vos valeurs « normatives ». Elles ne seraient donc pas objectives et ça, un thérapeute ne peut pas se le permettre.

Comment devenir un observateur impartial et précis

Pendant longtemps, on a reproché aux psychiatres et aux psychologues d'être incapables de démonter leurs théories et leurs résultats thérapeutiques. Un ami pédiatre me répétait souvent : « Je suis sûr que l'inconscient existe, mais je n'ai jamais vu d'études scientifiques le prouvant. »

Depuis quelques dizaines d'années, des instruments de *mesure* ont été mis au point. Ils permettent de mieux apprécier la fréquence, l'intensité et le retentissement d'un trouble psychologique.

> Ces instruments font appel à l'observation du comportement ; ils en évaluent la gravité en le comparant aux comportements habituellement observés au sein d'une population d'enfants « normaux », du même âge et du même sexe.

Mais revenons à notre souci premier. Nous avons vu que l'opposition était un phénomène nécessaire et salutaire au cours du processus d'apprentissage. Vous en avez conclu qu'il serait dommageable de qualifier un enfant d'opposant sous prétexte que, durant une période donnée, il est particulièrement difficile. Mais vous dites, très justement aussi, qu'il serait préjudiciable de laisser s'installer un trouble du comportement, délétère pour votre enfant et son environnement.

À ce stade, vous l'aurez compris, il y a deux attitudes possibles :

1. s'inquiéter et intervenir avec fermeté (« c'est grave ») ;

2. gérer une situation qui ne saurait perdurer (« ça va passer »). Seulement voilà, comment faire pour savoir quelle est la bonne attitude à adopter dans le cas qui vous occupe ?

> L'une des méthodes consiste justement à évaluer l'opposition de votre enfant de la même manière qu'un thermomètre indique la température, c'est-à-dire avec précision et objectivité.

Apprendre à évaluer les difficultés

Imaginez que l'opposition soit comme une de ces maladies infantiles (rhino-pharyngite, otite, etc.). Vous savez qu'elles sont inéluctables et que votre enfant doit les « attraper » pour s'immuniser. Lorsqu'il est malade, vous n'accourez pas forcément chez votre pédiatre : vous évaluez les critères de gravité qui vous feront penser, ou non, que vous avez besoin d'aide.

En cas de fièvre, par exemple, vous mesurerez son intensité, mais vous regarderez aussi si votre enfant reste joueur ou devient amorphe et bougon. Vous observerez s'il y a d'autres signes qui vous inquiètent : refus alimentaire, diarrhée, vomissements abondants, mouchage purulent, etc.

S'il a un an, 39° C de fièvre, qu'il bave et qu'il a les fesses rouges, vous penserez tranquillement à une dent qui pousse, surtout si vous la voyez pointer. Vous mettrez en place un traitement contre la fièvre et vous en mesurerez l'efficacité sur l'amélioration de la température et la réapparition du sourire de votre bébé.

Je vais vous demander de faire exactement la même chose face au comportement d'opposition de votre enfant.

Le simple fait qu'il refuse de faire ses devoirs à huit ans ne justifie pas d'être inquiet ou de demander l'intervention d'un thérapeute. Vous avez besoin d'autres éléments pour pouvoir dire que vous n'avez pas affaire à une opposition de routine et qu'il est nécessaire d'intervenir.

En pratique

Je vais vous donner les moyens de devenir des observateurs fiables du comportement opposant de votre enfant grâce à des instruments de mesure dont vous apprendrez le maniement. Tout comme le thermomètre, ils vous renseigneront le plus objectivement possible sur la santé de votre opposant.

Ces mesures, que vous referez au fur et à mesure, vous permettront aussi d'apprécier de façon impartiale l'efficacité de vos interventions. Tout comme après avoir donné un traitement contre la fièvre à votre enfant, vous en mesurez l'efficacité en reprenant sa température.

Vous allez donc établir une fiche d'évaluation du comportement opposant de votre enfant. D'abord pour observer ; ensuite, pour déterminer les comportements-problèmes et mettre en place un « traitement » visant à les atténuer et juger de son efficacité. C'est ce que certains appellent les « étapes de l'éducation comportementale clinique[11] ».

À RETENIR

Le comportement se définit comme la réponse observable et mesurable d'un individu. « Observable » signifie que le comportement peut être appréhendé par le regard ; « mesurable », qu'il a un début et une fin clairement identifiables. Autrement dit, n'importe quel observateur (y compris l'enfant) évaluerait le comportement de la même manière que vous. Si nous prenons l'exemple de la fièvre, la valeur indiquée par le thermomètre sera la même quel que soit le lecteur.

Au total, grâce à vos évaluations, vous verrez s'il existe des manifestations isolées mais intenses, qui s'installent et durent, ou bien des conduites variées qui s'accumulent ou se succèdent avec un retentissement sur la vie sociale, familiale et/ou scolaire de votre enfant.

Dans ces deux cas, il est important d'intervenir rapidement. Évitez alors les « il fait sa crise », « c'est l'âge bête », « avec le temps ça passera »… Cela pousse à banaliser ou à mener une politique d'autruche. Mais il n'est pas nécessaire non plus de culpabiliser, rappelez-vous notre charte !

> Quel que soit le résultat de vos observations, si vous vous sentez dépassé, passez outre vos *a priori* et acceptez l'idée d'être aidé par un spécialiste. Comme il aura besoin de vos observations, transformez-vous en journaliste (aussi impartial que possible) et notez les faits ! N'ayez crainte : les évaluations sont faciles à faire. Il suffit d'un crayon, d'un papier et d'un peu de disponibilité d'esprit !

Post-scriptum

Pour en revenir à Édouard, sachez qu'il a fini par partir en classe verte avec son doudou.

— La maman a compris la fonction rassurante et efficace de cet objet ; elle a cessé de croire à un éventuel trouble pathologique.

— Édouard a accepté de ne se servir de sa tétine qu'en cas de besoin.

— La possibilité de moqueries a également été abordée, et il a appris à y faire face.

Sans une évaluation précise, il m'aurait été impossible de déterminer s'il fallait intervenir et comment. Le sachant, la maman a abandonné ses craintes et ne les a plus transmises à son fils. Édouard est parti rassuré et n'a utilisé que deux fois son doudou (les deux premiers soirs car ses parents lui manquaient un peu). Il n'y a pas eu de moqueries. D'ailleurs, la plupart des enfants avaient leur peluche, leur robot favori ou bien suçaient leur pouce avant de s'endormir.

Chapitre 6

Les questions que vous devez vous poser

Face à un comportement de refus, il faut se poser plusieurs questions avant de conclure qu'il est oppositionnel.

Mon enfant a-t-il compris la consigne ?

Parfois, nos exigences ou celles de l'école sont incompatibles avec les capacités de l'enfant sur le plan intellectuel (à cinq ans, sait-on compter jusqu'à dix ?), physique (à dix-huit mois, doit-on être capable de propreté ?) ou affectif (un « doudou » à sept ans, est-ce grave ?).

Dans ce type de situation, le refus observé n'est *pas* oppositionnel. Votre enfant est en situation d'échec et sent qu'il déçoit vos espérances. Il a l'impression que vous ne l'aimez plus, qu'il n'est pas l'enfant idéal que vous souhaitiez. Il adopte alors des conduites de refus et de provocation qui sont un des modes d'expression de la dépression enfantine.

Amandine, cinq ans, est amenée par ses parents qui semblent désespérés par son comportement.
Elle refuse de s'habiller seule, n'est pas encore tout à fait propre et fait d'énormes colères quand on lui demande de faire quelque chose. À l'école, elle ne pense qu'à jouer et ne fait aucun apprentissage.
L'entretien sur le développement psychomoteur de cette enfant révèle que l'accouchement a été très difficile et qu'il a fallu réanimer le bébé à sa naissance. Amandine a marché à deux ans, elle a longtemps mangé mixé et ne sait pas encore bien parler. En fait, elle avait cinq ans d'âge réel mais seulement trois ans pour ce qui concerne son développement mental.

Lorsque les parents ont réalisé les difficultés de leur enfant, ils ont changé d'attitude. À chaque refus, ils se demandaient si leur consigne était réalisable par une enfant de trois ans : si la réponse était non, ils aidaient Amandine pour qu'elle apprenne à le faire ; s'ils l'en jugeaient capable compte tenu de son âge de développement, ils considéraient son refus comme une attitude d'opposition et insistaient pour que la consigne soit réalisée. Très rapidement, les colères ont disparu.

Malgré ses difficultés, Amandine avait une réelle soif de connaissances et ses parents ont su l'aider dans ses apprentissages. De même, une fois réintégrée dans une classe correspondant à son niveau d'âge, elle a accompli les progrès attendus selon ses capacités. Elle a ainsi pu poursuivre une scolarité certes décalée par rapport à son âge réel, mais conforme à la vitesse de son développement intellectuel.

Ces parents ont réalisé un travail remarquable. D'abord, ils ont su « faire le deuil de l'enfant idéal » : tous les parents, lorsqu'ils souhaitent un enfant, l'imaginent le plus beau, le plus intelligent et paré de toutes les qualités. (Nous n'en ferions pas si nous rêvions autrement.) Ensuite, ils se sont adaptés à la situation et ont décidé de voir Amandine telle qu'elle était et non pas telle qu'ils la désiraient. Et c'est ce qui a permis à cette petite fille de continuer à se développer sans se murer dans l'opposition, le refus des apprentissages et la dépression.

A contrario, il m'est arrivé de recevoir des parents qui ne comprenaient pas que leur fille de quatre ans ne sache pas encore compter et lire…

M. et Mme C. ont pour seule référence leur fils Antoine. C'est un garçon intellectuellement précoce, qui est passé directement en deuxième année de primaire et l'on pense le faire encore « sauter une classe ». Se basant sur le développement de leur garçon, ils trouvent évidemment que leur fille est en retard. Pourtant, Sarah se développe tout à fait normalement sur le plan psychomoteur. En revanche, sur le plan affectif, elle s'isole de plus en plus dans son monde, se demande pourquoi ses parents ne l'aiment pas et multiplie les manifestations d'opposition…

> Pour savoir s'adapter au niveau psychomoteur de son enfant, il peut être utile de se référer aux souvenirs que l'on garde de l'évolution de ses frères et sœurs plus âgés. Toutefois, cela

peut ne pas suffire ou induire des erreurs de jugement. N'hésitez donc pas à vous faire aider par un professionnel pour procéder à la juste évaluation du profil développemental.

Mes consignes sont-elles assez précises ?

Nous avons souvent tendance à formuler des consignes trop vagues – sois sage, sois gentil, ne fais pas de bêtise, etc.

Il n'est pas simple pour un enfant, surtout s'il est petit, de comprendre ce type d'injonction :

— d'abord, parce qu'il ne sait pas toujours ce que vous attendez précisément de lui ;

— ensuite, parce qu'il n'a pas forcément la même conception des choses que vous.

Si votre garçon fait attention de se tenir correctement à table pendant le dîner mais que, malencontreusement, en voulant vous aider, il casse un verre, qu'allez-vous penser ? Que c'est une petite bêtise sans importance ou un manque de gentillesse caractéristique ? Énervé par son geste, il est fort probable que vous le disputiez et que vous oubliiez tous les bons comportements qu'il aura essayé, auparavant, de mettre en place. Et il ne comprendra sans doute pas.

De la même façon, si votre fille a été sage tout au long de la journée mais fait de l'opposition le soir venu, pourrez-vous dire, au total, si elle a ou non obéi à vos ordres ?

À RETENIR

Une consigne globale et permanente est difficile à respecter sur le long terme. En revanche, il est possible d'arriver à un résultat progressivement. Si vous voulez obtenir des changements, il vous faudra donc préciser, *comportement par comportement*, ce que vous attendez de votre enfant. Il lui sera plus facile de saisir vos consignes et surtout de savoir s'il a enfreint une loi ou non.

Ce mode de communication est d'ailleurs recommandé aux adultes, surtout quand ils vivent en couple. Voici l'histoire de M. et Mme Z. qui ne se supportaient plus.

L'évaluation des difficultés de ce couple fait apparaître, entre autres choses, une profonde discordance en matière de rangement.
Mme Z. trouve son mari « bordélique » ; M. Z. trouve que sa femme est une maniaque et une ingrate : elle ne voit jamais ses efforts de rangement.
Il a été demandé à l'épouse de préciser, objet par objet, ce qu'elle voulait que son époux rangeât. Au lieu de rester dans le général (forcément flou), elle devait lui demander précisément ce qu'elle souhaitait : ranger ses chaussettes/mettre son linge sale dans une panière/reboucher le tube de dentifrice après usage/etc.
Ainsi aidé, M. Z. a enfin pu comprendre ce qui gênait exactement sa femme. Et Mme Z. a alors réalisé que, finalement, elle n'avait pas tant de motifs de récrimination que ça…

Est-ce de l'opposition ou une intolérance à la frustration ?

Il n'est pas toujours facile de faire la différence entre les deux. L'opposition et l'intolérance à la frustration se produisent le plus souvent au même moment : elles font suite à l'une de vos exigences ou à l'un des interdits. Essayons d'y voir un peu clair.

Des limites nécessaires mais insupportables

Lorsque vous posez des limites ou que vous demandez à votre enfant d'avoir un comportement qui ne lui est pas naturel, vous le frustrez dans son désir de tout maîtriser à sa manière. Au fur et à mesure qu'il maîtrise de nouvelles capacités, il les croit illimitées et a du mal à se conformer aux exigences de la réalité.

Ainsi, un nourrisson qui commence à marcher découvre qu'il peut atteindre toutes sortes d'objets nouveaux, explorer plein d'endroits inconnus, et il ne va pas se priver de cette joie ! C'est aux éducateurs de lui faire comprendre comment utiliser ses habiletés dans un contexte favorable pour lui et son environnement. Mais c'est frustrant et il est bon qu'il puisse l'exprimer.

Si vous éteignez la télévision afin que votre écolier fasse ses devoirs, acceptez ses signes de mauvaise humeur. Ils ne seront jamais très importants et le soulageront (ils servent de soupape de sécurité). Dans le

Chapitre 7

La mesure du problème

Votre enfant a compris vos consignes et vous avez éliminé l'hypothèse d'une intolérance à la frustration. Il est opposant. Nous allons maintenant essayer de mesurer son comportement sur le plan qualitatif et quantitatif.

Déterminez la fréquence du comportement d'opposition

Nous vous proposons de faire un diagramme du nombre d'attitudes oppositionnelles par jour et par semaine.

• Tout comme sur une courbe de température, vous pourrez, en un coup d'œil, apprécier l'évolution des difficultés. Vous pourrez ainsi mieux cerner les « moments difficiles », et vous serez aussi plus objectif.

• S'il existe plusieurs formes d'opposition, essayez de ne faire qu'un seul diagramme par catégo-

cas contraire, vous risquez, à moyen terme, l'explosion et les conflits autour du travail scolaire.

> Il vaut mieux un enfant qui « rouspète » en respectant vos consignes qu'un jeune qui « encaisse » sans rien dire et finit par exploser. Souvenez-vous de la Cocotte-Minute sans soupape de sécurité !

Le vrai critère

L'expression de l'intolérance à la frustration se fait selon deux modalités :

— Elle peut être verbale : « C'est injuste ! » ; « Les autres parents, eux, l'autorisent ! » ; « Pourquoi moi, et pas mon frère (ma sœur) ? ».

— Elle peut être gestuelle : soupirs, bouderies, « tête des mauvais jours », pleurnicheries.

La palette émotionnelle est donc large, mais, à la différence d'un opposant, votre frustré a beau râler et ergoter, il fera néanmoins ce que vous lui demandez. Laissez-le donc s'exprimer et ne tenez compte que de l'accomplissement de la consigne. Vous pourrez même lui dire, dans un second temps, que vous avez apprécié sa décision de vous obéir et l'effort qu'il a consenti pour le faire.

À RETENIR

Si votre enfant s'autorise à manifester sa frustration, c'est qu'il vous sent apte à le comprendre et à l'entendre : la communication entre vous est de bonne qualité. S'il ronchonne lorsque vous énoncez un interdit ou que vous exigez l'accomplissement d'une tâche, laissez-le faire et, surtout, ne le menacez pas d'une punition. Si vous le faites, votre enfant aura le sentiment que vous ne le comprenez pas et qu'il vous a déstabilisé dans vos principes éducatifs. Il sera fier de vous avoir mis mal à l'aise et, même si la sanction tombe, il aura l'impression qu'il s'est un peu vengé.

Récapitulons

Face au refus opposant d'un enfant, il est nécessaire de toujours se poser au préalable les trois questions suivantes :

1. Est-il apte sur le plan psychoaffectif à réaliser ce qui est demandé ?

2. Ma consigne est-elle suffisamment précise pour être applicable ?

3. Est-il opposant ou exprime-t-il son intolérance à la frustration ?

rie. Par exemple on appellera « colère » tout ce qui est cris, bouderies, pleurs, claquements de portes, etc.

• Les premiers diagrammes doivent être faits avant toute tentative de changement. Lorsque vous mettrez en place des moyens visant à diminuer l'opposition, vous en ferez d'autres. En les comparant, vous pourrez alors observer l'efficacité ou non de votre méthode.

> Une évaluation chiffrée permet de replacer des problèmes à leur juste valeur sur le plan qualitatif. En effet, il arrive souvent que l'on ait l'impression que la situation s'aggrave alors que cela n'est pas forcément le cas : tout dépend du degré de tolérance dont on est capable.

À titre d'exemple, voici le diagramme de Victor, quatre ans. Il s'agit d'un petit bonhomme tout à fait vif et intelligent mais qui entend faire respecter sa loi. Il se met dans des colères violentes, se roule par terre et hurle lorsqu'on lui demande de faire autre chose que de... jouer.

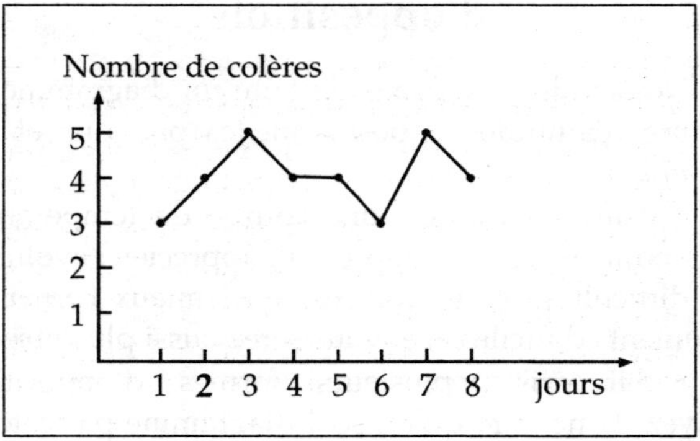

Évaluez l'intensité de l'opposition

Il est possible d'évaluer l'intensité du comportement perturbateur en la cotant de 0 à 100 %.

VOTRE BARÈME

Le chiffre 100 correspond à l'opposition la plus forte que votre enfant ait pu faire (colère la plus violente, refus alimentaire le plus long, etc.).

Le chiffre 0 correspond aux moments où il n'y a eu aucune difficulté.

Entre ces deux extrêmes, on peut considérer qu'un score de 25 indique une intensité faible ; un score de 50, une opposition d'intensité moyenne ; un score de 75, une intensité forte.

Cette évaluation, tout comme la précédente, vous permettra d'être plus objectif.

• Vous éviterez les réactions du type « tout ou rien » et de juger, sans plus de nuance, que « ça y est, ça recommence… ». L'opposition n'a pas toujours la même intensité, elle est donc plus ou moins tolérable.

• Vous pourrez mieux mesurer les progrès réalisés quand vous mettrez au point votre programme de changement. En effet, vous n'obtiendrez pas immédiatement la disparition du comportement-problème, mais vous pourrez constater l'atténuation progressive de son intensité en renouvelant vos mesures.

Voici, sur quelques exemples, le tableau de Victor.

	Situations	Intensité
Dimanche	Colère pour s'habiller	25 %
	Colère après le départ du père qui n'a pas voulu l'attendre	100 %
	Le père a fait du vélo avec la sœur	25 %
	Colère au moment du coucher	75 %
Lundi	Colère pour s'habiller le matin	25 %
	Colère pour prendre le bain	25 %
	Colère au moment du coucher	75 %

Il est vrai que cette quantification en pourcentage est un peu plus subjective que celle de la fréquence. Mais elle permet d'affiner votre évaluation et surtout de mesurer votre tolérance aux difficultés.

Vous verrez ainsi que le comportement peut s'exprimer plus ou moins fortement et que votre réaction va probablement dépendre de cette intensité.

Le premier questionnaire placé en fin de chapitre peut, au besoin, vous aider à mesurer l'intensité des problèmes et à préciser les situations dans lesquelles ils apparaissent.

Décrivez les situations d'opposition

Vous allez maintenant procéder à une analyse fonctionnelle[12] des comportements, c'est-à-dire que vous allez chercher une relation éventuelle de cause à effet (d'où le terme fonctionnel) entre un comportement et son environnement. Vous observerez, par exemple, que votre écolier refuse de faire ses devoirs s'il regarde son émission favorite mais qu'il obtempère dès qu'elle est finie.

• Dans un premier temps, vous ferez comme la maman de Victor qui a inscrit les événements de l'environnement qui précédaient le comportement-problème et dont elle pensait qu'ils influaient sur sa probabilité d'apparition. C'est ce qu'on appelle les *stimuli antécédents*. Dans le cas de votre écolier, le stimulus antécédent est l'émission de télévision.

• Dans un deuxième temps, il vous faudra évaluer les conséquences, c'est-à-dire le retentissement du comportement sur la vie quotidienne de votre enfant. On parle alors de *stimuli conséquents*. Il s'agit, en fait, de noter la réaction de l'entourage. Pour en revenir de nouveau à votre écolier, vous noterez par exemple : « je me suis fâché(e) » ou bien « j'ai négocié la mise aux devoirs dès la fin de l'émission ».

• Enfin, vous consignerez ces différentes observations sous forme de tableau, comme la maman de Victor.

Événements	**Comportements**	**Réactions de l'entourage**
Doit s'habiller	Refus-colère	Le père lui donne cinq minutes avant de partir sans lui
Départ du père	*Idem*	La mère le console et joue avec lui
Se coucher	*Idem*	La mère se couche avec lui

Appréciez les répercussions de l'opposition

Reprenons l'exemple des maladies infantiles. Outre l'intensité de la fièvre, vous appréciez le retentissement physique de la maladie et les symptômes associés (diarrhée, refus alimentaire, signe de déshydratation, etc.). Plus il y a de signes associés, plus le retentissement sur le corps est important, plus il faut agir vite, énergiquement, et au besoin avec l'aide d'un thérapeute.

Dans le cadre des troubles du comportement de l'enfant, quatre domaines sont à explorer afin d'en apprécier le retentissement.

Le retentissement personnel

Votre enfant semble malheureux, il chouine sans cesse, il ne joue pas seul. Plus grand, il « se traîne », se plaint constamment ou cherche la bagarre.

À RETENIR

Tout opposant finit à long terme par avoir une mauvaise estime de lui-même. Il a l'impression qu'il n'est pas aimable et que personne ne le comprend. Il semble s'ennuyer et ne trouver du plaisir que dans la provocation ou le refus. Quoi que vous fassiez pour lui plaire, il n'est jamais content et redemande autre chose.

Clémentine, quinze ans, est une « éternelle insatisfaite » aux dires de ses parents.
Dès qu'elle rentre de l'école, où elle est par ailleurs très brillante, elle s'ennuie et invente toutes sortes de prétextes pour se quereller.
Il faut se fâcher pour qu'elle arrête de regarder la télévision et aille faire ses devoirs. Elle ne participe jamais aux tâches quotidiennes au moment des dîners et reste pendue des heures au téléphone.
Ses parents l'ont laissée pratiquer toutes les activités extrascolaires qu'elle souhaitait, mais elle les a rapidement abandonnées les unes après les autres. Le week-end, elle veut « sortir en boîte » mais refuse de rentrer à une heure du matin, car « c'est seulement à partir de cette heure-là qu'on commence à s'amuser ». Elle traite ses parents de « ringards » et ne comprend pas pourquoi elle n'aurait pas un studio à elle. Elle achète beaucoup de vêtements, mais il lui en faut toujours d'autres, de marque et très chers.
Dernièrement, elle a réclamé à cor et à cri de passer ses vacances dans le Midi avec sa meilleure amie. Maintenant que ses parents ont tout payé, elle ne veut plus partir, elle préfère aller dans un club en Tunisie avec une autre amie.
Elle semble sous tension en permanence, ne sourit que rarement, ne dit jamais merci et se dispute pour tout. Sa famille n'en peut plus. Clémentine, elle, ne voit pas ce que son attitude a d'anormal : « Les parents de mes copines leur accordent tout sans problème ! »

Cette adolescente ne pouvait plus communiquer, avec ses parents, autrement que par la provocation et la dispute. Quand elle obtenait gain de cause, elle n'était pas pour autant soulagée. Elle cherchait alors un autre cheval de bataille pour essayer de se sentir mieux et dissiper son sentiment de malaise.

Son comportement lui servait de bouclier pour ne pas affronter ses problèmes. Et, par un effet de boomerang, elle accusait ses parents d'être anormaux.

Cette attitude avait un retentissement personnel important. Clémentine avait une mauvaise estime d'elle-même, se sentait frustrée en permanence, jalousait systématiquement ses amies, ne trouvait de plaisir à rien et développait des thèmes dépressifs.

Comme elle refusait de se faire aider, nous avons dans un premier temps proposé à sa famille de faire un diagramme et un tableau d'observation. Les conduites oppositionnelles (fréquence, intensité, situations) et les exigences de la semaine ont toutes été notées au vu et au su de Clémentine.

Les tableaux et les diagrammes ont eu un effet révélateur sur Clémentine. Celle-ci a accordé le bénéfice du doute à ses parents et accepté de faire une thérapie familiale afin d'apprendre à concilier ses propres désirs et les contraintes de la réalité. Le thérapeute servait de médiateur : lorsqu'une décision, prise d'un commun accord lors d'une consultation familiale, ne la satisfaisait plus, Clémentine devait lui en référer.

Ce n'est que dans un second temps, après avoir remarqué qu'elle reproduisait le même comportement et ressentait la même insatisfaction, qu'elle a pu envisager une thérapie individuelle et régler ses problèmes d'adolescente.

> Lorsqu'un comportement oppositionnel est devenu le mode de relation intrafamiliale habituel, il n'est pas rare que les protagonistes ne

se rendent même plus compte du caractère anormal de la situation. La simple observation, avec trace écrite, permet d'authentifier le problème et de l'analyser à sa juste valeur. Cette étape suffit souvent à lever les difficultés.

Le retentissement scolaire

L'opposition en milieu scolaire peut avoir des conséquences tout à fait préjudiciables sur l'avenir d'un enfant. Nous avons vu le cas d'Estelle qui refusait de participer et risquait d'être réorientée dans une classe sans rapport avec ses capacités réelles.

L'évaluation du retentissement sur la scolarité doit, là encore, être réalisée en toute objectivité. Prenez des faits concrets et faites attention de bien distinguer ce que vous souhaiteriez voir votre enfant réaliser sur le plan scolaire et les conséquences *réelles* de son attitude oppositionnelle.

• Pour commencer, vous pouvez demander à l'enseignant de remplir le questionnaire des situations scolaires (placé en fin de chapitre). Il est facile à utiliser et les enseignants sont en général assez contents de le remplir. Il vous permettra d'apprécier de manière objective l'opposition de votre enfant en classe. Ses réponses vous renseigneront sur l'intensité des difficultés que rencontre votre enfant et sur les moments où elles se manifestent avec la plus grande acuité.

• Lorsque vous lisez un carnet, ne tenez pas compte des remarques subjectives des enseignants (« pourrait mieux faire », « enfant intelligent mais qui ne travaille pas assez »). Comparez les notes d'un livret à l'autre et observez l'amélioration, la stagnation ou la chute des performances dans chaque domaine.

À RETENIR

Le retentissement scolaire d'un comportement opposant se manifeste généralement dans *la majorité* des disciplines enseignées. Si les résultats sont simplement moins bons dans une ou deux matières, recherchez plutôt une difficulté spécifique liée au sujet d'étude ou, parfois, à l'enseignant.

• Dans les commentaires, donnez de la valeur aux faits concrets – « ne rend pas ses devoirs », « est absent », « ne participe pas en classe ». Essayez ensuite d'en discuter avec votre enfant et avec l'enseignant. Il n'est pas de notre propos d'émettre des jugements sur les annotations que l'on peut lire sur certains carnets mais de vous apprendre à rester objectif en toutes circonstances.

• N'oubliez pas, l'opposition est un comportement normal qui se voit dans les différents lieux de vie de votre enfant. Tout comme les refus à la maison, l'opposition en classe est un moyen d'affirmer son autonomie, d'essayer de construire sa personnalité et de tester ses capacités. Les systèmes scolaires privés ou laïcs, leurs enseignants et leurs cadres administratifs ne sont *pas toujours* aptes à s'assouplir face au développement singulier d'un enfant. Ils cherchent à le faire rentrer dans un moule qui ne lui correspond pas obligatoirement.

Brigitte a dix-sept ans et s'intéresse beaucoup à l'histoire et à la géopolitique. C'est une adolescente qui a du caractère et ne mâche pas ses mots. Un jour, ses parents ont été convoqués par la directrice d'école pour « insubordination ».

Questionnée par son père, l'adolescente raconte que, tout en prenant des notes, elle aime ajouter sur son cahier d'histoire des remarques personnelles. Ainsi, pendant le cours sur la Seconde Guerre mondiale, elle a écrit : « Ces s… d'Américains ont lâché une bombe sur Hiroshima. »

Interrogée en classe, elle récite correctement sa leçon et se garde bien de dire tout haut ce qu'elle a écrit. Mais le professeur prend son cahier, lit son commentaire et n'apprécie pas du tout. Il lui met zéro et fait convoquer la famille.

Le père, qui ne souhaitait pas intervenir dans les opinions de sa fille mais voulait respecter le cadre scolaire, a alors essayé d'obtenir des éléments concrets. Il est apparu que Brigitte était une très bonne élève en histoire et que, sans ce commentaire, le professeur lui aurait mis une très bonne note puisque la leçon était parfaitement sue.

Au terme d'une négociation objective, il a été demandé au professeur de noter son élève à sa juste valeur et à Brigitte de ne plus écrire de commentaires personnels sur ses cahiers.

Depuis, cette adolescente est devenue une brillante avocate internationale.

> Ne vous engagez pas dans une lutte avec l'enseignement tant que votre enfant continue de progresser et qu'il fait les apprentissages attendus en fonction de son niveau d'études. Restez attentif et, si vous devez intervenir, essayez de conserver une « neutralité bienveillante ».

Le retentissement relationnel

La manière dont un enfant se socialise doit vous préoccuper au même titre que ses résultats scolaires.

Il existe des règles de vie en société, et un enfant doit les *apprendre*. Il s'agit bien là d'un véritable apprentissage de la relation aux autres. Les habiletés sociales[13], comme on les nomme, sont les liens qu'un individu va tisser avec ses congénères. Ils doivent être à la fois bénéfiques pour lui et permettre son intégration dans le monde qui l'entoure. Un ingénieur, même très brillant, ne pourra réussir dans son métier, s'il ne sait pas exprimer sa personnalité, travailler en équipe et respecter le cadre et les exigences de sa société.

• Sans intervenir directement dans sa vie privée, vous pouvez observer les éléments de socialisation de votre enfant. Notez le nombre et la qualité des relations qu'il développe. Est-il souvent invité ? Participe-t-il à des activités extrascolaires ? Vous parle-t-il de plusieurs camarades ? Quand il arrive dans un nouvel endroit, reste-t-il dans son coin ou essaye-t-il de lier connaissance ?

• Essayez d'avoir des informations. Demandez aux enseignants si votre enfant est bien intégré. N'hésitez pas à téléphoner aux autres parents pour savoir quels sont ses rapports avec ses camarades de classe. Invitez ses amis à la maison et observez, sans intervenir, comment se passent les choses. S'il participe à des sports d'équipe, demandez à l'entraîneur quelle place votre enfant cherche à obtenir au sein du groupe. Parlez de tout cela avec votre enfant, il est probable qu'il restera secret sur ses relations, mais

À RETENIR

Le retentissement social de l'opposition se traduit souvent par un sentiment de solitude ou une amitié exclusive. L'opposant est souvent rejeté par les autres enfants ; il est isolé, ne comprend pas pourquoi et reporte la faute sur autrui (« de toute façon, ils ne sont pas intéressants » ; « ils veulent toujours se bagarrer avec moi »). Chez les adolescents, cela peut se manifester par un goût très prononcé pour les mondes virtuels (télévision, ordinateur, jeux de rôle), ce qui leur évite de se confronter aux autres.

vous lui montrerez ainsi que vous vous y intéressez et qu'en cas de besoin, il peut compter sur vous.

• Si vous constatez que des objets ou de l'argent disparaissent de votre domicile, faites *absolument* votre enquête pour savoir si votre enfant n'est pas victime d'un chantage. Parlez-en à l'école, avec les autres élèves, et suivez-le à la sortie des cours. Le racket est suffisamment fréquent pour y penser, surtout si votre enfant est particulièrement opposant, qu'il vous ment ou qu'il vole.

> Les comportements perturbateurs et provocateurs entraînent souvent l'agressivité des pairs. L'enfant devient le bouc émissaire ou la tête de Turc de la classe. Il n'est pas rare qu'il se fasse racketter.

• Notez tous les faits sur un cahier, ils serviront de base à toute discussion et à une éventuelle décision de prise en charge. Ils permettront à votre enfant de voir les difficultés qui vous inquiètent chez lui et d'observer le retentissement social de son attitude.

Arsène a sept ans. C'est un enfant opposant et agressif. À la maison, il a décidé qu'il était le « chef ». Il vit avec sa mère et sa sœur et leur impose ses volontés. Si sa mère ne cède pas, il va taper sa sœur de quatre ans. À l'école, c'est la même chose. Il se bagarre systématiquement avec tous ses camarades et les autres parents se plaignent souvent de son agressivité.

Arsène a refusé de voir les conséquences de son comportement jusqu'au jour où sa mère l'a inscrit dans une équipe de football. Ce sport est sa passion. Or, très rapidement, les autres joueurs l'ont mis « sur le banc de touche ». Son attitude de petit chef et son agressivité insupportaient ses coéquipiers et perturbaient les matchs.

Pour ne plus être exclu, Arsène a accepté de modifier son comportement. Son entraîneur lui a servi de guide. La thérapie menée avec sa mère l'a également aidé à retrouver sa place d'enfant au sein de la famille. Plus ses relations sociales s'amélioraient et moins Arsène s'opposait à la maison.

Évaluez votre préoccupation

Vous allez maintenant essayer d'observer vos propres réactions face au comportement de votre enfant. L'opposition peut déclencher une tension et des conflits fréquents en milieu familial.

Vous allez tenter de mesurer le niveau de préoccupation occasionnée par l'opposition de votre enfant :

— Pendant combien d'heures par jour y pensez-vous ?

— Quel est votre degré de tension quand vous devez lui demander quelque chose ?
— À quel point craignez-vous le conflit ?
— Quel est le temps absorbé par les batailles au détriment de vos autres enfants, de votre relation de couple ou de vos activités quotidiennes ?

VOTRE BARÈME

0 % : Vous n'y pensez pas ou cela ne vous préoccupe pas.
25 % : Vous y pensez moins d'une heure par jour, ou cela vous préoccupe de temps en temps.
50 % : Vous y pensez entre une et trois heures par jour ou cela vous préoccupe régulièrement dans votre vie quotidienne.
75 % : Vous y pensez entre trois et huit heures par jour ou cela vous préoccupe tellement que vos activités quotidiennes s'en trouvent perturbées.
100 % : Vous y pensez plus de huit heures par jour et vous ne pouvez plus mener à bien vos activités quotidiennes.

Attention ! Il ne s'agit pas d'évaluer la faute de votre enfant et de lui imputer tout ce qui ne va pas dans votre famille. En effet, face aux difficultés psychologiques d'un enfant, il est difficile de faire la part entre la cause et le retentissement. C'est un peu comme d'essayer de savoir qui de la poule ou de l'œuf est arrivé en premier.

Une amie pédopsychiatre m'appelle en urgence. Sa fille Élisabeth âgée de six ans est devenue infernale depuis quelque temps. Elle n'est jamais contente et

pleure pour un rien. Elle dit que ses parents ne l'aiment plus et refuse toutes les consignes.
Mon amie se sent dépassée car lorsqu'elle se retrouve en consultation avec des parents d'enfant opposant, elle ne peut s'empêcher de penser à sa fille. Elle sait bien que les problèmes d'Élisabeth peuvent se régler facilement mais elle a besoin que je l'aide : elle ne se sent plus très objective face à la situation et craint pour son travail.
En réalité, la mère et la fille avaient déjà, lorsque je les ai vues, rétabli la communication sur un autre mode que l'opposition et compris l'origine des difficultés. Mon travail a consisté à confirmer la qualité de ce qu'elles avaient fait et, surtout, à permettre à la mère de reprendre de la distance, d'être plus sûre de ses actions et de se sentir libérée des soucis liés au comportement de sa fille.

Sachez aussi qu'il n'est pas rare qu'un enfant choisisse de devenir perturbateur au sein de sa famille pour la protéger. Cela arrive notamment :

— En cas de disputes conjugales fréquentes

Aussi paradoxal que cela puisse paraître, certains préfèrent devenir le sujet de querelle familial plutôt que de laisser leurs parents se disputer ou se séparer. Ce sont les « enfants symptômes » d'un dysfonctionnement familial.

— En cas de dépression chez l'un ou l'autre parent

Imaginez une mère déprimée, sans arrêt dans ses idées noires. Elle vit repliée sur elle-même, hors de la réalité quotidienne. Si son enfant est discret et gentil, elle ne le voit même plus et ne sort pas de son enfermement dépressif. Si, en revanche, il fait une énorme bêtise ou l'oblige par son opposition à s'occuper de lui, elle va prendre de la distance par rapport à sa tristesse, rejoindre le quotidien et cesser de ruminer. À sa manière, cet enfant a protégé sa mère.

Les parents déprimés ont souvent du mal à accepter cette idée, mais lorsque, devant l'intensité du trouble, ils sont obligés de consulter, qu'ils expriment leur symptomatologie dépressive et acceptent de se faire aider, le comportement oppositionnel de leur enfant disparaît alors rapidement.

À RETENIR

Évaluez la préoccupation que déclenche votre enfant sans le tenir forcément responsable de tous vos maux. Une intensité supérieure à 50 % doit vous alerter. Elle signifie que vous n'arrivez plus à prendre le recul nécessaire par rapport aux conflits et que vous avez besoin d'une aide extérieure.

Aidez à la prise de conscience

Les évaluations que vous avez faites jusqu'à présent vont vous permettre de dialoguer avec votre enfant, s'il est en âge de le faire.

• Vous allez lui montrer vos diagrammes et vos tableaux et lui faire part de votre inquiétude. L'explication et la présentation des observations permettent souvent à l'enfant de se rendre compte des conséquences de son attitude. Le dialogue ainsi établi peut déboucher sur une vraie discussion afin de comprendre les raisons et l'origine des difficultés. Une négociation sur les moyens de modifier le comportement peut alors être entreprise.

• Si votre enfant ne veut pas reconnaître les difficultés ou considère qu'elles sont « normales », pensez à lui confier vos diagrammes, votre tableau et proposez-lui de demander à ses camarades s'ils réagissent de la même manière dans les mêmes circonstances.

C'est ce que nous avons fait avec Clémentine, l'éternelle insatisfaite qui trouvait ses parents plus « ringards » que ceux de ses copines. Informées de leurs attitudes et de son comportement, les copines en question ont trouvé qu'elle avait des parents « trop cool ». Les leurs n'auraient pas accepté le quart de ses demandes...

• Vous pouvez aussi proposer des sortes de jeux de rôle. Reprenez les situations que vous avez décrites, demandez à votre enfant de faire le parent et de trouver une solution qui respecte les désirs de chacun. Les enfants aiment beaucoup cela, et vous serez étonné de leur capacité à résoudre les problèmes. Avec les tout-petits, vous pouvez faire la même chose en utilisant des poupées.

Si, malgré tout, votre enfant ne prend pas conscience de ses problèmes, n'hésitez pas à vous faire aider par un thérapeute.

Voici l'évaluation de Victor, le coléreux infatigable, et observons l'évaluation des retentissements de ses troubles.

Retentissement personnel	Retentissement scolaire	Retentissement social	Préoccupation familiale	Prise de conscience
Joueur Sait apprécier les bons moments Curieux Câlin Mignon, gentil Paraît heureux de vivre	Les apprentissages demandés à l'école sont de bonne qualité et correspondent à son âge	N'a qu'un seul ami avec qui il joue « à la bagarre » Est rejeté par les autres enfants (peu d'invitations) Ne supporte pas que la maîtresse ne s'occupe pas tout le temps de lui Accepte difficilement les consignes	50 %	Bonne

Et après ?

Quelles que soient les modalités du changement que vous déciderez d'adopter pour lever l'opposition de votre enfant, je vous conseille de poursuivre vos observations de la même façon et d'y inclure votre « thérapie ».

Vous aurez ainsi des fiches comparatives vous permettant de mesurer l'évolution avant et pendant l'application des consignes de changement. Si vous êtes aidé dans votre prise en charge par un thérapeute, la poursuite de vos évaluations servira à quantifier objectivement les progrès.

À titre d'exemple, reprenons le tableau de Victor le coléreux, avant et après la mise en pratique d'une consigne de changement. Au moment du coucher, la maman joue une demi-heure avec lui et s'en va. Quelle que soit la colère, elle ne reviendra plus dans la chambre.

Événements	Consigne	Comportement	Réaction de l'entourage
Se coucher (lundi, mardi, mercredi)	Mère joue une demi-heure avec lui et s'en va	Refus-colère (75 %)	Pas de retour de la mère
Se coucher (jeudi, vendredi, samedi)	Mère joue une demi-heure avec lui et s'en va	Refus-colère (50 %)	Pas de retour de la mère
Se coucher (les jours suivants)	Mère joue une demi-heure avec lui et s'en va	Refus-colère (5 %)	Pas de retour de la mère

Et voici le diagramme de Victor qui permet de visualiser les progrès accomplis.

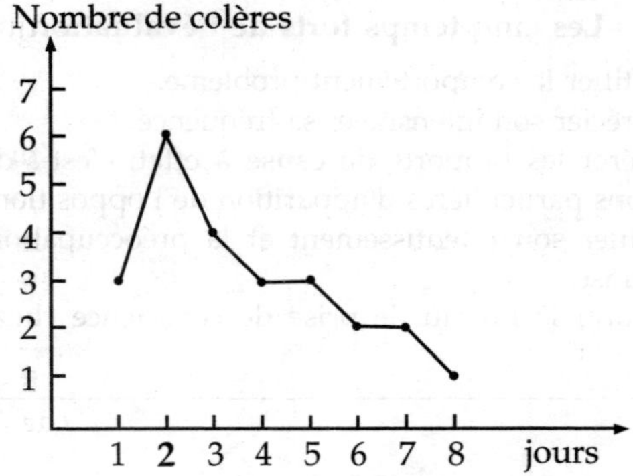

Après la mise en pratique de la consigne de changement

Récapitulons

Afin de pouvoir mettre en place le changement souhaité dans le comportement de votre enfant, il faut dans un premier temps procéder à l'évaluation précise du problème qui vous préoccupe.

Cette étape est indispensable dans la prise en charge des difficultés que vous rencontrez, car elle vous permet de mesurer très précisément ce qui vous gêne dans le comportement de votre enfant et de mieux voir ce que vous devez faire pour l'amener à réagir autrement.

EN RÉSUMÉ

Les cinq temps forts de l'évaluation

1. Identifier le comportement-problème.
2. Apprécier son intensité et sa fréquence.
3. Repérer les rapports de cause à effet, c'est-à-dire les situations particulières d'apparition de l'opposition.
4. Évaluer son retentissement et la préoccupation qu'il vous cause.
5. Mesurer le niveau de prise de conscience chez votre enfant.

LE QUESTIONNAIRE DES SITUATIONS À LA MAISON

(D'après Barkley, 1990[14])

Votre enfant présente-t-il un problème d'obéissance dans l'une ou l'autre de ces situations ? Si c'est le cas, entourez le mot Oui, puis le chiffre correspondant au niveau d'intensité. Si l'enfant ne présente pas de problème dans cette situation, entourez le mot Non et passez à la situation suivante.

Situations	**Oui/Non** Entourez l'un des deux		**Si oui, quelle intensité ?** Entourez l'un de ces chiffres Léger … Sévère								
Quand il/elle joue seul(e)	Oui	Non	1	2	3	4	5	6	7	8	9
Quand il/elle joue avec un autre enfant	Oui	Non	1	2	3	4	5	6	7	8	9
Lors des repas	Oui	Non	1	2	3	4	5	6	7	8	9
Quand il/elle s'habille ou se déshabille	Oui	Non	1	2	3	4	5	6	7	8	9
Quand il/elle fait sa toilette ou prend son bain	Oui	Non	1	2	3	4	5	6	7	8	9

Situations	Oui/Non Entourez l'un des deux		Si oui, quelle intensité ? Entourez l'un de ces chiffres Léger Sévère								
Quand vous êtes au téléphone	Oui	Non	1	2	3	4	5	6	7	8	9
Quand il/elle regarde la télévision	Oui	Non	1	2	3	4	5	6	7	8	9
Quand vous avez des invités	Oui	Non	1	2	3	4	5	6	7	8	9
Quand vous êtes invité chez quelqu'un	Oui	Non	1	2	3	4	5	6	7	8	9
Dans un lieu public	Oui	Non	1	2	3	4	5	6	7	8	9
Quand son père est à la maison	Oui	Non	1	2	3	4	5	6	7	8	9
Quand vous lui demandez de faire le ménage	Oui	Non	1	2	3	4	5	6	7	8	9
Quand vous lui demandez de faire ses devoirs	Oui	Non	1	2	3	4	5	6	7	8	9

Situations	Oui/Non Entourez l'un des deux		Si oui, quelle intensité ? Entourez l'un de ces chiffres Léger Sévère								
Quand il/elle va se coucher	Oui	Non	1	2	3	4	5	6	7	8	9
Au cours de conversations avec des personnes	Oui	Non	1	2	3	4	5	6	7	8	9
Quand il/elle est en voiture	Oui	Non	1	2	3	4	5	6	7	8	9
Quand il/elle est gardé(e) par quelqu'un d'autre que vous	Oui	Non	1	2	3	4	5	6	7	8	9

LE QUESTIONNAIRE DES SITUATIONS À L'ÉCOLE

(D'après Barkley, 1990[14])

Est-ce que cet enfant présente selon vous un problème de comportement dans l'une ou l'autre de ces situations ? Si oui, indiquez son degré de sévérité.

Situations	**Oui/Non** Entourez l'un des deux		**Si oui, quelle intensité ?** Entourez l'un de ces chiffres Léger								Sévère
Quand il/elle arrive à l'école	Oui	Non	1	2	3	4	5	6	7	8	9
Lors d'un travail individuel	Oui	Non	1	2	3	4	5	6	7	8	9
Lors d'un travail en petit groupe	Oui	Non	1	2	3	4	5	6	7	8	9
Pendant les temps libres en classe	Oui	Non	1	2	3	4	5	6	7	8	9
Quand on explique une leçon en classe	Oui	Non	1	2	3	4	5	6	7	8	9
Pendant la récréation	Oui	Non	1	2	3	4	5	6	7	8	9

Situations	**Oui/Non** Entourez l'un des deux		**Si oui, quelle intensité ?** Entourez l'un de ces chiffres Léger								Sévère
Pendant les repas à la cantine	Oui	Non	1	2	3	4	5	6	7	8	9
Dans les couloirs	Oui	Non	1	2	3	4	5	6	7	8	9
Aux toilettes	Oui	Non	1	2	3	4	5	6	7	8	9
Pendant les excursions	Oui	Non	1	2	3	4	5	6	7	8	9
Pendant les réunions de classe ou d'école	Oui	Non	1	2	3	4	5	6	7	8	9
Dans les transports scolaires	Oui	Non	1	2	3	4	5	6	7	8	9

Ce questionnaire peut être remis au personnel enseignant. Il permet d'avoir une évaluation objective de l'opposition en milieu scolaire et d'authentifier les changements après la mise en place de votre action thérapeutique. Pour cela, il suffira de redonner régulièrement le document à l'enseignant et de comparer les scores.

Deuxième étape Grave ? Pas grave ? Analysez les manifestations

Au terme de votre première évaluation, vous avez défini précisément le comportement oppositionnel que vous alliez essayer de changer ; vous en avez déterminé la fréquence et l'intensité grâce à vos tableaux et à vos diagrammes ; vous en avez précisé les conditions d'apparition et mesuré le retentissement ; vous en avez, enfin, discuté avec votre enfant pour tester son niveau de prise de conscience.

Vous êtes désormais prêt à passer à la deuxième étape de votre programme de changement : l'analyse précise des manifestations oppositionnelles chez votre enfant.

Chapitre 8

Comment se « fabrique » l'opposition

Les manifestations et les symptômes de l'opposition sont aussi nombreux qu'il existe d'enfants, de familles et de situations. Toutefois, le mode d'expression du comportement oppositionnel est toujours le produit de deux éléments : la capacité de l'enfant à maîtriser ses compétences physiques, intellectuelles et sociales et la réaction de l'entourage.

La capacité de votre enfant à maîtriser ses compétences

Au fur et à mesure de son développement, l'humain prend conscience non seulement de ses aptitudes mais aussi de l'action qu'il peut avoir sur son environnement.

Ainsi le bébé qui fait tomber son biberon de sa chaise observe qu'il vous oblige à le ramasser et il trouve cela assez étonnant de voir que son action peut modifier la vôtre. Ne soyez plus surpris, si comme tout bon scientifique, il réitère l'expérience afin de vérifier ses conclusions.

Tous les apprentissages se feront de cette manière : l'enfant tente une expérience, en observe le résultat et en déduit des hypothèses qu'il vérifie ensuite. Lorsque celles-ci sont confirmées, notre apprenti les garde en mémoire : il a maintenant acquis la maîtrise de l'événement.

C'est ce que Piaget[15] a défini comme « l'intelligence sensorimotrice », c'est-à-dire que la structure générale de l'action se conserve au cours de ses répétitions, se consolide par l'exercice et s'applique à des situations qui varient en fonction des modifications du milieu.

> Bien sûr, plus votre enfant avance en âge, plus il domine d'éléments et plus il multiplie et complexifie les expériences. Le mode expressionnel de l'opposition d'un nourrisson est donc différent de celui d'un enfant ou d'un adolescent.

La réaction de l'entourage

Par son opposition, l'enfant veut interagir sur son environnement, c'est-à-dire qu'il cherche par ce moyen à communiquer. Ce mode de communication fait partie intégrante du processus de développement des relations interpersonnelles. C'est au travers des rapports avec autrui, et notamment avec les parents, que la personnalité se construit peu à peu[16].

Si notre génie en herbe constate qu'à la troisième fois qu'il a fait tomber son biberon, il vous met en colère, il entérine le fait de pouvoir déclencher votre émotion par ce système.

> Un enfant comprend qu'il est en opposition lorsqu'il est certain que son comportement a une action sur son entourage et que celle-ci est déplaisante pour la personne ou le milieu auquel il s'adresse.

La combinaison des deux

Vos enfants sont de perpétuels testeurs de vos limites. À chacune de leur action, ils observent votre satisfaction ou votre déplaisir. Étant très proches de vous, ils maîtrisent rapidement vos émotions et peuvent les contrôler ensuite.

Dorothée, onze ans, a un surpoids lié à un grignotage. Dès qu'elle a un peu d'argent, elle va à la boulangerie et s'achète des bonbons ou des gâteaux. À l'école, elle quémande sans cesse auprès de ses camarades des friandises ou des goûters.

À la maison pourtant, l'équilibre alimentaire est respecté. La mère, ancienne anorexique, impose des repas calculés à la calorie près et chaque ingrédient est choisi en fonction de ses apports nutritionnels.

Elle vit très mal l'embonpoint de sa fille et la dévalorise constamment à ce sujet. Elle l'a déjà emmenée chez de nombreux médecins mais aucun régime n'a pu être mis en place.

Dorothée avait choisi comme attitude oppositionnelle le grignotage et l'embonpoint, deux éléments qui faisaient horreur au mode de fonctionnement anorexique de sa mère. Elle était ainsi sûre de la faire réagir. Il semblait donc logique qu'aucun régime n'ait l'efficacité escomptée.

Une thérapie mère-enfant a été mise en place. Elle a permis de renouer le dialogue et de gérer les conflits. N'ayant plus besoin de provoquer sa mère, Dorothée a stoppé son grignotage et repris un poids correspondant à sa taille.

> Chaque parent, chaque situation étant différente, un enfant choisit le comportement oppositionnel qui lui semble être le plus communicatif et perturbateur en fonction de la cible qu'il vise.

Le déclenchement du conflit

Dans les quatre chapitres qui suivent, je vais vous présenter les principales situations de conflits telles qu'elles apparaissent et sont vécues par les parents.

Vous n'êtes pas obligé de tout lire : puisque vous avez évalué votre « problème », vous pouvez vous reporter directement au(x) chapitre(s) qui vous concerne(nt). Vous y trouverez une description précise des symptômes de votre enfant et, surtout les indices de gravité au-delà desquels il vous faut être aidé pour les traiter.

Attention, toutefois, à ne pas négliger un point essentiel, lorsque vous lirez le développement qui vous concerne au premier chef : l'opposition peut ne pas être la cause première du comportement de votre enfant ; elle peut aussi résulter de votre réaction face à telle ou telle situation.

Revenons à notre bébé qui jette son biberon. Son intention première était l'apprentissage, mais à force, il déclenche un conflit qui peut se pérenniser. Dorothée grignotait certainement parce qu'elle se sentait mal dans son corps, mais son malaise a provoqué des disputes avec sa mère qui ont aggravé ses difficultés.

À RETENIR

L'opposition n'est pas toujours à l'origine du comportement d'un enfant. Elle peut aussi être secondaire à la réaction de l'entourage. Autrement dit, vous pouvez avoir le sentiment que votre enfant s'oppose ou cherche le conflit, alors que ce n'est pas son intention initiale ou son principal problème.

Lorsque je vois une famille en consultation, ce qui la fait le plus souffrir, ce sont les luttes incessantes. Tout le monde est en colère et inquiet de la situation. Il est alors difficile de discuter « à froid » des origines des problèmes. Aussi, mon premier souci est-il de dédramatiser et d'arrêter le combat. Dans un second temps, j'essaye de comprendre avec l'enfant et ses parents ce qui était à l'origine des troubles.

Cette approche peut paraître trop pragmatique aux yeux de certains psychothérapeutes ; elle correspond, toutefois, aux besoins réels des patients et à l'urgence de la situation.

C'est d'ailleurs une démarche médicale : en cas d'infarctus, la première étape consiste à traiter les lésions cardiaques. Ce n'est que lorsque le patient va mieux que l'on cherche avec lui ce qui, dans son mode de vie, est à l'origine de la pathologie (tabac, surpoids, etc.).

À RETENIR

Il faut toujours lever le conflit avant de vouloir déterminer les causes qui ont amené votre enfant à s'opposer.

Chapitre 9

La guerre du non

Votre enfant multiplie les refus tout au long de la journée

L'opposition peut apparaître comme une attitude générale de refus. Les conflits sont fréquents, les sujets variés et les luttes quotidiennes. Dans ce cadre, on distingue deux formes : le refus actif et le refus passif-agressif. Leur signification, leurs manifestations et leurs implications ne sont pas exactement les mêmes.

Il refuse activement

L'enfant manifeste une opposition évidente au regard de tous, y compris de lui-même (on parle d'attitude « externalisée[17] »). Le refus est clairement exprimé par des « non », des pleurs, des colères, une agressivité verbale.

Parmi les manifestations les plus fréquentes, figurent le refus du biberon, le refus des consignes, le refus des devoirs, de la scolarité, les colères multiples avec insultes ou gestes violents.

Les comportements « externalisés » s'observent en général davantage chez les garçons que chez les filles. Sans doute est-ce là le reflet d'une certaine tolérance éducative. On accepte plus facilement qu'un petit garçon bouge, crie, exprime son opposition et son agressivité. C'est un signe de « virilité ».

Les colères de Fabien

Fabien, quatorze ans, se met en colère et refuse toutes les consignes à la maison. Son père, un retraité de soixante-dix ans, ne quitte plus le domicile depuis qu'il a été opéré du cœur, car il craint à tout moment une récidive.

Dès que le jeune homme rentre de l'école, le conflit éclate. Fabien refuse de faire ses devoirs. Il insulte son père, le traite de fainéant, d'invalide, de vieux. Il considère que, puisqu'il est à la maison, c'est à lui de s'occuper des tâches quotidiennes.

L'adolescent entre dans des colères intenses au cours desquelles il casse les objets, claque les portes, donne des coups de poing dans les glaces. Pour le reste, il répète ne rien vouloir faire, ni tâches domestiques ni devoirs.

Fabien est un enfant plutôt plus intelligent que la moyenne, mais ses résultats scolaires ne le reflètent pas puisqu'il refuse de faire son travail et d'apprendre ses leçons.

Devant son agressivité, le père, qui craint de faire un infarctus, renonce rapidement à ses demandes mais il garde une rancune tenace. Le couple n'arrive plus à

communiquer. Chacun méprise l'autre ouvertement.
La situation familiale est devenue invivable.
L'opposition et le conflit sont officiels. D'ailleurs, en consultation, devant son père, Fabien s'en vante : « Je ferai tout pour faire ch... mon père ! Il est vieux, je n'attends qu'une chose, qu'il crève ! »

Devant l'intensité du combat père-fils, il nous a été impossible de rétablir d'emblée la communication. Il a fallu d'abord négocier une séparation du milieu familial et le placement en internat.

Le père a alors réalisé que la présence de son fils lui manquait et que son attitude visait à le protéger de ses angoisses. Seul, à la maison, il ruminait des idées noires et songeait sans cesse aux risques cardiaques qu'il courait.
Lorsqu'il se disputait avec son fils, au moins, il avait l'impression de revivre et de penser à autre chose.
L'agressivité de Fabien lui redonnait une certaine virilité et un rôle d'éducateur. Alors que, pour la société, il avait perdu le statut de chef de famille puisqu'il ne travaillait plus et restait chez lui. Il vivait de manière humiliante l'inversion des rôles dans son couple, sa femme travaillant et lui s'occupant du foyer.
Les conflits avec Fabien lui restituaient une relation d'homme à homme. L'adolescent, en quête lui-même d'identification masculine, l'avait bien compris. Il avait délibérément choisi le conflit afin de se construire une identité, tout en protégeant son père de ses angoisses existentielles.
La séparation ainsi que la thérapie individuelle de chacun des protagonistes ont permis à ce père et son

enfant de renouer un dialogue « viril », sans avoir besoin d'être agressifs.

La majorité des opposants actifs ne vont pas si loin dans la provocation et le conflit. Le plus souvent, ce sont des enfants râleurs et ergoteurs avec lesquels il faut sans cesse se battre pour voir appliquer la moindre consigne.

Un travail familial et l'aide du jeu des points bleus (voir « C'est le moment d'agir ») suffisent en général pour faire disparaître les conduites d'opposition.

Les périodes de refus actif

Certaines périodes de l'enfance sont génératrices d'opposition active.

➤ L'enfant de deux à quatre ans

À cet âge, l'enfant commence à maîtriser le langage, sa valeur communicative et son pouvoir sur les autres. Il en avait déjà compris la valeur fonctionnelle, c'est-à-dire qu'il savait qu'en pointant ou en nommant un objet, il pouvait l'obtenir. Mais là, il acquiert la possibilité de vous faire réagir, de s'opposer. Il peut vous prouver son existence, ses désirs et faire des choix différents des vôtres.

Comme le nourrisson et son biberon jeté à terre, il va expérimenter ses nouvelles capacités jusqu'à en comprendre les limites.

Une maman me raconte un jour ceci :
« Sébastien, deux ans et demi, dit très souvent "non". Un jour, je lui ai demandé de m'embrasser et il a

refusé, j'ai alors fait semblant de pleurer. Il est venu me câliner et nous avons ensuite beaucoup ri. Depuis, nous jouons à "consoler maman" ! »

> Entre deux et quatre ans, un enfant va refuser pratiquement tout et apprécier les conséquences de ses refus. Les plus positives pour lui seront réutilisées ; les autres abandonnées.

➤ Le préadolescent

Cette période est peu évoquée dans les livres. Pourtant, elle est particulièrement riche en comportements oppositionnels.

Les dix-douze ans sont dans une situation particulière. On leur demande de ne plus avoir de rêves ou d'attitudes d'enfants, mais on leur interdit aussi de se comporter comme des adolescents.

— Sur le plan scolaire, ils quittent l'école primaire pour se retrouver dans un cadre scolaire qui, globalement, ne changera plus de dix ans à dix-sept ans.

— Physiquement, intellectuellement et affectivement, ils sont en décalage avec les adolescents qu'ils rencontrent tous les jours et qui ne se gênent pas pour les bouter hors de leur territoire.

> Les préadolescents vivent une période où ils sont encore enfants mais confrontés à des contraintes familiales, scolaires et sociales d'adolescents. Ils traduisent souvent ce malaise par un refus actif et global de toutes ces contraintes. Ce refus est épidermique, il sert à montrer leur différence. Comme ils ne savent

pas très bien ce qu'ils souhaitent devenir, ils refusent tout et n'importe quoi, sans avoir d'explication plausible à donner.

➤ L'adolescent

Il est nécessaire de parler plus spécialement de cette tranche d'âge où l'opposition est à son comble mais aussi parfaitement normale.

Nous l'avons vu, pour devenir adolescent, l'enfant doit faire le deuil de ses croyances infantiles. Parmi elles, il y a la conviction que ses parents sont les plus beaux, les plus gentils et qu'ils savent tout (« Mon papa, c'est le plus fort ! C'est lui le chef, et il battra ton papa ! »)

À mesure qu'il grandit, votre enfant a besoin de détruire ce fantasme. Et il va y parvenir en passant par plusieurs étapes successives.

1. **Première étape.** L'enfant n'accepte pas la remise en cause de son modèle et cherche, maladroitement, à corriger ses parents. Ce faisant, il tente de préserver un idéal fantasmatique de parent qui, tout comme celui de l'enfant parfait, n'existe pas.

C'est à ce moment-là que votre fils ou votre fille vous reprochera, verbalement ou par des conduites oppositionnelles, vos lacunes et vos faiblesses (« Les parents de machin, eux, l'autorisent à faire de la mobylette. Ils sont plus cool que vous », etc.).

2. **Deuxième étape.** L'enfant entame un vrai travail de deuil pour se débarrasser de cette croyance. Là

encore, cela ne se fait pas sans souffrance et état d'âme.

— Il peut parvenir à supporter ces moments douloureux par des comportements de réparation, de création ou de sublimation. Par exemple, il poursuivra sa recherche identificatoire en essayant de ressembler à des adultes qu'il s'imagine idéaux (pour qu'il puisse s'autonomiser, il ne faut surtout pas que ce soient ses parents).
C'est à ce moment-là que vous verrez les murs de la chambre de votre « ado » se couvrir de posters de champions sportifs, de chanteurs ou que vous le surprendrez plongé dans un romantisme un peu fleur bleue.

— Il peut aussi ne pas tolérer cette souffrance et vouloir évacuer son malaise par des conduites d'opposition et de passage à l'acte.

> Survenant à la suite d'une situation déplaisante, ces comportements impulsifs, immédiats et non réfléchis sont le plus souvent l'agressivité verbale ou gestuelle (bris d'objets, violence), la fugue ou les explosions de colère.

3. Troisième étape. L'enfant réalise que, même si ses parents ne sont pas parfaits, ils ont réussi à devenir adultes.

> C'est alors que votre adolescent va tester la force de vos principes et de votre caractère en s'y attaquant. Si vous restez cohérent dans vos attitudes, il pourra prendre exemple sur vous et devenir un adulte indépendant.

C'est une loi de la nature que l'on retrouve chez les animaux vivant dans un groupe commandé par un mâle dominant. Chaque année, celui-ci doit se battre contre l'un des jeunes mâles de la horde arrivé à maturité afin de prouver sa suprématie et rester le chef de la horde. Le perdant doit quitter le groupe et former son propre clan.

Dans toute adolescence, il y a « meurtre[18] », celui des parents. Il s'agit de prendre symboliquement leur place, c'est-à-dire, d'une certaine manière, de les écarter afin de devenir un adulte capable de fonder son propre foyer. D'où la fréquence et l'intensité des scènes d'opposition à cet âge…

Il est passif-agressif

En parodiant Jacques Prévert, on peut dire qu'ils disent « oui avec la tête mais non avec le cœur » : les passifs-agressifs évitent toutes les situations désagréables sans se lancer dans le conflit. Officiellement, ils sont toujours d'accord, mais ils se débrouillent pour ne faire que ce qu'ils ont décidé.

Ces enfants développent un comportement manipulatoire et mensonger pour éviter ce qui les dérange. Pour le reste, ils semblent insensibles à tout. Les cadeaux, les sorties agréables ou les compliments ne déclenchent ni sourires ni remerciements. Les punitions, les mauvaises notes ou les disputes semblent glisser sans les toucher.

— **À la maison.** Ils disent s'ennuyer, mais on ne peut leur parler s'ils sont devant la télévision, l'ordinateur ou dans leurs jeux. Ils mettent des heures à faire leurs devoirs pour ne pas avoir d'autres consignes à exécuter. Dès qu'une exigence est formulée, ils donnent l'impression qu'on leur demande de décrocher la lune ou inventent une fausse explication pour ne pas s'exécuter.

Ils n'acceptent jamais de reconnaître leurs erreurs et en rejettent la responsabilité sur autrui. Si c'est une faute d'orthographe, ils sont capables de jurer que c'est le professeur qui leur a appris de cette manière.

— **Avec leurs camarades.** Ils sont dans un premier temps bien intégrés, car ils se montrent toujours d'accord. Ils promettent, par exemple, de prêter leurs affaires. En réalité, s'ils ne le veulent pas, ils inventeront des mensonges pour ne jamais les apporter. Leurs affabulations aboutissent, dans un deuxième temps, à les faire rejeter par leurs pairs. La réaction des camarades est d'autant plus violente que le passif-agressif était auparavant apprécié.

Ces opposants doivent, du coup, changer régulièrement d'établissement, car ils deviennent le bouc émissaire des autres élèves et se font agresser physiquement et verbalement par l'ensemble de la classe. Toutefois, quelle que soit l'école, si le même comportement persiste, le cycle va se répéter : bonne intégration dans un premier temps et rejet agressif par les camarades dans un deuxième.

— **Sur le plan des apprentissages.** Les passifs-agressifs sont en échec scolaire, ils ont une mauvaise estime d'eux-mêmes, mais ne font rien pour essayer de changer leur attitude.

Les faiblesses de Capucine

La maman de Capucine, neuf ans, s'est résolue à venir consulter car sa fille est en situation d'échec scolaire.

Dès qu'elle doit parler en classe, elle pleure et la maîtresse n'ose plus l'interroger. Quand il faut faire une dictée, c'est la panique ! Capucine est très lente et ne finit aucun devoir sur table. À la maison, c'est sa maman qui se charge de la faire réviser. En réalité, la maman de Capucine fait le travail à la place de sa fille. Mme A. affirme ne pas avoir d'autres sujets de plainte concernant sa fille. Pourtant, au cours de l'entretien, nous apprenons que cette petite fille refuse de faire quoi que ce soit sans la présence de sa mère. Elle ne s'habille ni ne se lave seule. Elle ne s'occupe d'aucune tâche ménagère et reste de longues heures à jouer avec ses poupées. Si on lui demande quelque chose, sa lenteur et sa maladresse sont telles que les autres finissent par tout faire à sa place.

Capucine est passive avec ses amies, ne dit jamais non mais pleure si on veut l'obliger à faire une activité désagréable. Elle ne prend aucune initiative personnelle et répond très souvent aux questions par « je ne sais pas ». Elle ne peut s'endormir seule. Bien souvent, elle réveille sa mère la nuit après un cauchemar et l'oblige à quitter le lit conjugal pour dormir dans le sien.

Vous allez me dire que vous ne voyez pas d'opposition dans le comportement de cette petite fille, qu'elle est simplement très angoissée, qu'elle a peur de tout et qu'il faut aider. C'est là toute la subtilité.

Toutes les activités ludiques et agréables sont parfaitement réalisées par Capucine.

Elle sait laver et habiller ses poupées, dort très bien chez ses petites camarades et intervient beaucoup dans les conversations des adultes. Le jour de son anniversaire, elle a su préparer la fête, écrire les invitations, éloigner sa mère pour jouer avec ses amies, commander le choix des jeux et prendre des initiatives.

Autrement dit, dès que l'activité est agréable, Capucine est capable de mettre en place les stratégies nécessaires pour réussir. Si les consignes demandent un effort personnel et ne sont pas du goût de notre demoiselle, elle va donner l'impression d'une incapacité et d'une faiblesse qui excuseront le non-accomplissement de la consigne.

L'alternance

Les deux types d'opposition que nous venons de décrire se rencontrent rarement sous forme de fonctionnement global. Et permanent.

Le plus souvent, l'enfant va utiliser l'une ou l'autre expression en fonction des circonstances : la séduction pour s'intégrer dans un groupe d'adultes ou d'enfants ; le mensonge pour éviter l'implication personnelle et le risque de punition ; la colère, l'agressivité verbale ou le refus clair et net pour s'affirmer face à certaines exigences.

D'ailleurs, vous-même, ne vous arrive-t-il pas de faire de même ?

Au cours de certaines soirées mondaines, n'avez-vous jamais essayé de séduire un interlocuteur que vous avez décrit ensuite comme un idiot parfait ? N'avez-vous jamais inventé un mensonge grossier pour vous éviter certaines corvées sociales (manger chez votre belle-famille le dimanche) ou professionnelles ?

Finalement, l'attitude agressive a le mérite d'être franche, même si elle est excessive. Elle peut permettre, après la crise, de discuter des problèmes qui ont été clairement énoncés plutôt que de les éviter.

Récapitulons

Voici, rassemblés sous forme de tableau, les critères vous permettant de savoir si vous pouvez gérer seul le refus de votre enfant ou bien si vous devez consulter un spécialiste afin qu'il vous aide.

Refus	**Formes bénignes**	**Formes nécessitant une aide thérapeutique**
Actif	Fréquence inférieure à 3 par jour Intensité inférieure à 50 %	Fréquence supérieure à 5 par jour Intensité supérieure à 50 %
Passif-agressif	Peu ou pas de retentissement scolaire social ou personnel	Il existe un retentissement scolaire, et/ou social et/ou personnel
Alternance des 2 formes	Préoccupation familiale inférieure à 25 % Bonne prise de conscience	Préoccupation familiale supérieure à 25 % Mauvaise prise de conscience

Chapitre 10

Troubles du sommeil, troubles de l'alimentation… La santé de votre enfant vous inquiète

Tout enfant peut utiliser son corps comme outil de sa revendication. On parlera alors d'expression somatique ou de trouble oppositionnel psychosomatique. Ce mode d'opposition varie selon les âges.

Les expressions selon l'âge

Le nourrisson

À cet âge, le corps occupe une place importante dans la relation avec le milieu environnant, et les diverses fonctions physiologiques – alimentation, sommeil, élimination sphinctérienne – servent de base à la communication avec l'entourage[19].

Tout cela, les nourrissons vont l'utiliser pour exprimer leurs « revendications » ou leur malaise (angoisse, tristesse, etc.). Ils apprennent très vite à maîtriser leur corps et savent en jouer pour faire vibrer la corde sensible parentale.

Ne pouvant parler, ils utilisent leur corps, mais ils choisissent aussi la fonction physiologique qui entraînera une attention toute particulière de la part de la personne à laquelle s'adresse le message et qui est censée réagir.

Diane est un beau bébé de trois mois qui se développe parfaitement bien. Pourtant, elle rejette en jet certains de ses biberons. Le pédiatre consulté n'a trouvé aucune anomalie de la fonction digestive et la courbe de poids est tout à fait normale.
Le tableau d'observation fait par la maman a mis en évidence le fait que Diane rejetait son biberon lorsque sa mère le lui donnait tout en discutant avec quelqu'un d'autre. D'habitude, au moment des tétées, elle était entièrement disponible et parlait à son enfant tout au long du repas. Les quelques biberons renvoyés étaient un moyen, pour ce bébé, de réclamer l'attention maternelle.
Quand Mme C. a décidé de ne s'occuper que de sa fille au cours des repas, les rejets ont disparu.

> Chez le nourrisson, l'expression psychosomatique de l'opposition varie suivant le niveau de développement, la capacité de maîtrise de l'organe qui va « parler » et la réaction de

l'entourage. C'est ce qu'on appelle la valeur de l'« organe cible ».

L'enfant

On trouve les troubles déjà cités chez les nourrissons (troubles de l'alimentation, du sommeil, de l'élimination sphinctérienne).

Les enfants présentent aussi souvent des « maux » multiples et variables dans le temps : céphalées, maux de ventre, etc.

Le choix de l'organe dépendra, là encore, des sujets d'inquiétude de la personne que l'enfant veut faire réagir.

Benoît, neuf ans, n'aimait pas sa maîtresse, qui le lui rendait bien. Il fit plusieurs fois « l'école buissonnière » lorsque le temps s'y prêtait. Une fois l'hiver venu, il commença à se plaindre régulièrement de maux de ventre très impressionnants qui le clouaient au lit.
Les différents examens médicaux s'étant révélés négatifs, la famille finit par consulter un psychothérapeute. Quelques consultations plus tard, on comprit que Benoît refusait en fait d'aller en classe par opposition à sa maîtresse.
Le rétablissement du dialogue entre l'enseignante et ce jeune garçon fit disparaître les douleurs abdominales.

L'adolescent

Les adolescents vivent souvent mal leur développement pubertaire. Le corps devient une source de malaise et un mode d'expression de leurs revendications.

Il peut s'agir d'une simple provocation dans le choix du « look » qui sera particulièrement en désaccord avec les principes parentaux (punk, grunge, piercing, minijupe, etc.) Nous avons aussi mentionné le cas de Dorothée qui grossissait et grignotait en sachant qu'elle dérangeait particulièrement le fonctionnement anorexique de sa mère. Jennifer, elle, souhaitait maîtriser sa faim pour se montrer plus solide et indépendante face à sa mère.

> Lorsqu'un adolescent ne peut exprimer verbalement son opposition, il le fait soit par l'intermédiaire de son corps (anorexie, boulimie, toxicomanie, tentative de suicide), soit par des comportements agressifs vis-à-vis des autres (colère, violence, fugues, actes antisociaux). C'est ce qu'on appelle les « conduites agies[20] ».

David a dix-neuf ans. Il a été élevé dans une famille où l'on accordait une grande importance aux apparences sociales. Pas question de déroger à la morale ni au code de bienséance, surtout devant les autres. Les problèmes intrafamiliaux et personnels n'étaient jamais évoqués. Ce jeune homme manifestait son opposition à ce système, et surtout à son père qui en était le garant, en se droguant. À chaque réunion de famille, il arrivait après avoir fumé plusieurs joints. Son état physique et son comportement étaient insoutenables pour les parents surtout en regard de leur propre famille. Néanmoins, il n'était pas question d'aborder ce sujet tabou.

Ce n'est que lorsque David a commencé à se piquer que la mère a proposé à son fils de consulter. Il n'a accepté de le faire que le jour où son père a bien voulu l'accompagner en reconnaissant qu'il existait des problèmes au sein de leur famille.

Quel que soit l'âge

Il est impératif de savoir que l'opposition n'est pas le seul trouble psychologique à avoir une expression psychosomatique. L'anxiété et la dépression, notamment, peuvent s'exprimer de la sorte.

À RETENIR

L'opposition peut être l'unique problème de votre enfant, mais il faut toujours envisager le cas où elle serait liée à d'autres troubles psychopathologiques plus complexes.

Les manifestations oppositionnelles sont un peu comme la partie visible d'un iceberg. L'enfant utilise un moyen détourné pour vous dire qu'il se sent mal. Il imagine, à tort ou à raison, que vous comprendrez mieux sa souffrance psychologique si elle s'exprime par l'intermédiaire de son corps.

> Le risque est alors de créer un dialogue, voire un combat, autour d'une symptomatologie oppositionnelle de surface et de passer à côté du trouble plus profond qui va s'aggraver.

Certes, il n'est pas simple de connaître les pensées intimes de quelqu'un, même de ses propres enfants et surtout s'ils ont fait le choix de ne pas vous en parler directement.

Ce que nous vous proposons dans ce livre, c'est de gérer dans un premier temps la symptomatologie de « surface » :

— s'il ne s'agit que d'un trouble oppositionnel simple, vous l'aurez réglé ;

— en cas de trouble plus complexe, le fait de ne pas vous laisser prendre au piège d'une communication indirecte amènera plus sûrement votre enfant à vous dire réellement ce qu'il ressent.

Julien, neuf ans, est décrit comme un enfant agité, nerveux et opposant. Il refuse les consignes et semble ne pas aimer l'école. Quand je le reçois, il me déclare ne pas comprendre l'utilité de la consultation et aller parfaitement bien.

Pour lever l'opposition, j'ai proposé à la famille de valoriser à l'aide d'un jeu de points (cf. « C'est le moment d'agir ») *toutes les consignes respectées par Julien. L'enfant a joué le jeu et gagné de nombreux points. Toutefois, une consigne n'était systématiquement pas remplie, celle consistant à ramener du pain de la boulangerie située au pied de l'immeuble.*

Interrogé par les parents sur cet échec, Julien a pu dire qu'il était terrorisé par le fils de la boulangère qui était dans sa classe. Sa peur d'aller à l'école et d'être pris pour bouc émissaire par son petit camarade expliquait son comportement agité et nerveux. Il n'avait jamais osé en parler directement à ses parents.

Comment réagir

Sur le plan pratique, face à un enfant qui présente une symptomatologie fortement évocatrice d'un problème psychosomatique, la démarche est triple :

1. Éliminer l'hypothèse d'un réel problème organique au besoin par une consultation médicale. Cette démarche servira aussi à vous rassurer et donc à être plus efficace pour vous désengager de la manipulation ou comprendre son intentionnalité.

2. Établir le lien « psychosomatique », c'est-à-dire faire la corrélation entre les symptômes physiques et certains événements extérieurs. Le tableau d'analyse fonctionnelle des stimuli antérieurs et conséquents (voir la description des situations d'opposition, p. 105) doit vous aider dans cette démarche.

3. Repérer la relation parents-enfant qui est alors déclenchée et constater que, de cette manière, votre « malade » peut se mettre en opposition avec vous.

À RETENIR

L'opposition sur le mode psychosomatique est toujours extrêmement angoissante pour les parents. Aussi, avant tout essai de changement, nous vous proposons de respecter les trois conduites suivantes :

1. Faites un examen médical complet de votre enfant.
2. Ne personnalisez pas (il ne le fait pas contre vous).
3. Ne culpabilisez pas (vous n'êtes pas de mauvais parents).

Le choix de la cible

On peut regrouper les manifestations de l'opposition psychosomatique selon cinq catégories principales : les troubles du comportement alimentaire, du contrôle sphinctérien, du sommeil, les troubles respiratoires et l'utilisation d'une fragilité corporelle.

Nous allons vous décrire celles que nous avons le plus fréquemment observées tout au long de notre pratique. Nous ne pouvons prétendre à la moindre exhaustivité : les enfants ont une imagination inépuisable en matière d'opposition !

Il a des troubles alimentaires

➤ C'est un nourrisson

Il refuse de manger

Chez le tout-petit, ce comportement suscite très vite inquiétude et incompréhension.

Face à un bébé qui refuse de prendre son biberon ou de manger ce qu'on lui propose, les parents utilisent toute sorte de stratégie, allant du jeu de la séduction jusqu'à la franche agressivité. Si le nourrisson accepte, par ces méthodes, un ou deux repas, il trouve néanmoins rapidement un autre système de refus.

On assiste parfois à des scènes qui durent des heures. Les parents sont angoissés et l'enfant de plus en plus tenace.

> Plusieurs éléments doivent vous faire penser à une opposition et donc vous inciter à cesser immédiatement le combat : votre bébé mange

> à d'autres moments ; avec d'autres personnes ; il mange des aliments qui vous semblent insuffisants en quantité ou en qualité (gâteaux, crèmes au chocolat) ; sa courbe de poids reste normale ; il est joueur et curieux.

Le tableau le plus complet du refus alimentaire correspond à ce qu'on appelle l'anorexie du nourrisson. Il s'agit d'un refus de l'alimentation solide apparaissant le plus typiquement vers le second trimestre (six mois). L'enfant garde le désir de boire et sa courbe de poids est normale. Le plus souvent, il s'agit de nourrissons extrêmement curieux, vifs et intelligents. Deux formes d'anorexie sont alors à distinguer :

1. La forme la plus fréquente, l'anorexie commune, cède dès l'interruption de la bataille et la levée de l'angoisse parentale ; ses causes sont faciles à identifier.

2. La forme dite complexe se traduit par une chute de la courbe de poids ; les causes sont beaucoup plus difficiles à déterminer et les mesures d'aide se révèlent peu efficaces. Elle nécessite impérativement un traitement en milieu spécialisé, mais cette forme est beaucoup plus rare.

> Les raisons de l'opposition chez le nourrisson sont nombreuses : changement dans son mode de vie, variation dans son alimentation, dent qui pousse, tension ou indisponibilité momentanée de l'un ou l'autre parent en raison de soucis personnels, naissance d'un petit frère ou d'une petite sœur, etc. Dans tous les cas, vous devez cesser le combat. C'est à cette seule condition que vous pourrez déterminer les causes du refus.

Il vomit

C'est un mode d'expression extrêmement précoce de l'opposition dès les premiers mois de vie. Nous l'avons vu avec Diane, qui rejetait ses biberons lorsque sa mère ne s'occupait pas d'elle.

➤ C'est un enfant

Il refuse de manger

Le refus alimentaire peut être un moyen pour l'enfant d'affirmer son désir d'indépendance et de maîtrise.

Ainsi, l'opposant « chipote », refuse certains aliments ou demande systématiquement autre chose que ce que vous venez de préparer. Il mange entre les repas les bonbons et gâteaux qu'il vous a soutirés par des demandes si pressantes que vous n'avez pas su résister. À part les pommes de terre, riz et pâtes, vous n'avez guère de succès avec les autres légumes.

Il se tient mal à table

Parfois, aussi, le jeune enfant s'oppose en s'attaquant aux règles sociales du repas : il se tient mal, se lève pour un oui ou un non, reste des heures devant son assiette, « rote » ou choisit ce moment pour se chamailler avec son frère ou sa sœur, disparaît ou rechigne dès qu'il faut mettre ou débarrasser la table, etc.

> À notre époque, le repas, surtout le dîner, est un des seuls moments où la famille est réunie. C'est donc l'un des lieux privilégiés de l'expression de l'opposition : plus il y a de spectateurs, plus l'enfant est sûr d'être entendu et de provoquer.

Il vomit

Les vomissements se produisent lorsqu'on force le jeune enfant à manger ce qu'il ne veut pas. Ils apparaissent rapidement après l'ingestion de l'objet du délit et sont accompagnés d'éructations et de rejets. L'enfant se sent mieux ensuite et a très faim.

Il a mal au ventre, il joue avec la nourriture

Des douleurs abdominales, sans cause, sont aussi fréquentes à cet âge. Parfois, les comportements sont plus subtils.

Nicolas, cinq ans, rechigne à venir aux repas. À force de persuasion, on arrive à ce qu'il accepte de manger mais il mâche longtemps la nourriture, en fait des boulettes qu'il coince dans ses bajoues et finit par aller la cracher aux toilettes. Ce comportement n'existe que depuis quelques semaines et n'apparaît qu'au cours des dîners.

Vu en entretien, Nicolas a pu dire qu'il manifestait ainsi son opposition à l'absence de son père. Depuis quelque temps, celui-ci rentrait tard à la maison car il avait changé de travail.

➤ C'est un adolescent

Il refuse de manger

Le développement d'un corps adulte se fait souvent de manière dysharmonieuse et il est difficilement accepté par le jeune, surtout s'il a encore un esprit d'enfant.

Rien ne va : ni le poids ou la taille, ni la forme des seins ou le degré de pilosité. Les physiques « parfaits » des magazines sont pris en exemple. Et comme la mode actuelle vénère la minceur, vous risquez sûrement de voir votre adolescent critiquer vos repas ou décider de faire un régime (surtout si c'est une fille).

Deux réactions classiques sont à éviter de la part des parents :

— l'une, mesdames, consiste à dire qu'un petit régime ne vous ferait pas de mal non plus et que vous allez accompagner votre fille ;

— l'autre, messieurs, est de déclarer à votre jeune adolescente qu'en tant qu'homme vous la préférez mince, avec de jolies rondeurs bien placées.

Ces réflexions parentales renforcent en effet la « problématique œdipienne » propre à l'adolescence.

Freud, au début du siècle, avait créé un scandale en décrivant le complexe d'Œdipe : le petit garçon est attiré dans ses fantasmes par sa maman et cherche à prendre la place de son père auprès d'elle. Il en résulte un conflit interne entre des désirs sexuels inconscients et le tabou de l'inceste.

Anna Freud[21], Melanie Klein[22] et d'autres psychanalystes d'enfants ont confirmé l'existence de cette problématique mais, surtout, ils ont observé qu'après une phase de latence (entre 6 et 12 ans), le conflit œdipien réapparaissait à l'adolescence : la jeune fille peut se sentir attirée par son père et le jeune homme par sa mère.

> En adoptant des attitudes séductrices plus ou moins conscientes, les parents risquent d'aviver les tensions vécues par l'adolescent ; celui-ci cherchera alors à s'en dégager en s'opposant à ce qu'il vit comme une menace pour son identité sexuée.

Il faut signaler une pathologie spécifique de l'adolescence : l'anorexie mentale (qui n'a rien à voir avec l'anorexie du nourrisson). Elle touche le plus souvent la jeune fille. Les conduites alimentaires sont très ritualisées, elles deviennent sujet de disputes. L'opposition au milieu familial est intense. Trois éléments sont essentiels au diagnostic :

1. Le refus de maintenir un poids au niveau ou au-dessus du poids minimal « normal » compte tenu de l'âge et de la taille (indice déterminé médicalement)

2. La peur intense de prendre des kilos ou de devenir gros alors que le poids est en dessous de la normale

3. L'altération de la perception du poids ou de la forme de son corps[23].

Si vous pensez que votre enfant souffre d'anorexie mentale, alors surtout n'entrez pas dans le conflit ! Vous risqueriez tous d'en porter des séquelles indélébiles. S'il y a bien un moment où vous devez faire appel à un spécialiste, c'est celui-là.

Il provoque des conflits à table

L'adolescence est une période où le jeune remet en question les règles sociales et sa position au sein de la famille.

Comme nous l'avons vu chez les jeunes enfants, à notre époque, le repas est un moment très particulier dans la vie de famille. Les règles familiales et sociales y sont particulièrement présentes et, donc, particulièrement attaquables par un adolescent en mal d'indépendance.

S'il ne peut s'opposer verbalement, le jeune homme ou la jeune fille va faire comme le nourrisson et vous inquiéter sur sa santé en refusant de manger.

Une autre méthode consiste à déclencher les conflits au cours du repas familial et au besoin à quitter la table de manière théâtrale.

Il y en a même qui refusent de manger en famille et s'isolent dans leur chambre pour ensuite venir « cambrioler » le frigidaire ou les placards.

Il vomit, il grignote…

Les vomissements chez l'adolescent peuvent s'observer dans les cas de régime sévère de type anorexique (voir plus haut). Ils apparaissent également dans le cadre de la boulimie (le boulimique se fait vomir après la crise) et de l'hyperphagie (l'hyperphage se fait vomir pour réguler son poids).

La boulimie se caractérise par l'absorption, en une période de temps limitée (par exemple moins de deux heures) d'une quantité de nourriture largement supérieure à ce que la plupart des gens absorberaient en une période de temps similaire et dans les mêmes circonstances. Elle s'accompagne d'un sentiment de perte de contrôle sur le comportement alimentaire pendant la crise[24]. Pour ne pas grossir, les boulimiques se font vomir immédiatement après leur crise.

L'hyperphagie, c'est-à-dire le fait de manger ou de grignoter beaucoup, apparaît aussi souvent à l'adolescence. Ces jeunes gens (des filles le plus souvent) sont incapables d'exprimer ce qu'ils ressentent. Ils inhibent leurs sentiments. Dans le même temps, ils éprouvent un grand vide intérieur qu'ils compensent en absorbant d'importantes quantités de nourriture.

La culpabilité engendrée par la prise alimentaire leur impose alors d'appliquer des systèmes de régulation de poids – vomissements, régimes sévères, prise de médicaments visant à « éliminer » (laxatifs, diurétiques), pratique intensive d'exercices physiques.

S'installe ainsi un chaos alimentaire fait d'alternance de jeûnes et d'hyperphagie, qui nécessite une prise en charge spécialisée.

Deux princesses célèbres Sissi et Diana n'ont pas supporté les contraintes liées à leur charge et se heurtaient à l'incommunication d'un protocole royal. Elles s'y sont opposées toutes deux par des troubles alimentaires sévères. L'époque a permis à Diana finalement de refuser les contraintes et de choisir de quitter le milieu qu'elle détestait. On connaît la fin tragique de ces deux princesses.

➤ Récapitulons

Voici, sous forme de tableau, les différents troubles du comportement alimentaire qui entrent dans le cadre de l'opposition. Nous avons séparé ceux que vous pouvez essayer de traiter par vous-même à l'aide des méthodes que vous trouverez plus loin dans ce livre et ceux qui nécessitent un travail d'équipe avec un spécialiste.

	Formes bénignes	Formes nécessitant une aide thérapeutique immédiate
Nourrisson et bébé (moins de deux ans)	Refus Vomissements *mais* courbe de poids normale (sur le carnet de santé)	Chute de la courbe de poids Résistance aux changements
Jeune enfant	Refus Vomissements *mais* courbe de poids normale (sur le carnet de santé)	Chute de la courbe de poids Résistance aux changements
Adolescent	Régime pour un surpoids *authentifié* (sur le carnet de santé)	Régime à poids normal Comportement hyperphage Chaos alimentaire

Il a des troubles du contrôle sphinctérien

➤ C'est un nourrisson

Il n'existe pas de trouble du contrôle sphinctérien chez le nourrisson. En effet, celui-ci est trop jeune pour être concerné. Votre bébé ne fait pas exprès ses besoins lorsque vous le changez (ou n'est pas opposant) : il s'agit de hasard ou de réflexe.

➤ Il devrait être propre

L'apprentissage de la propreté est un moment clé de la relation parents-enfant. Pour la première fois, il est demandé à l'enfant d'accepter une loi sociale, celle de faire ses besoins dans un lieu approprié. Le succès dépend entièrement de lui : de sa capacité à contrôler ses sphincters anaux et urinaires, mais aussi de son bon vouloir de faire « là où il faut ».

> Parvenu à ce stade, votre jeune enfant gagne une double maîtrise, celle de son corps et celle de vous faire plaisir, ou non, en accédant à votre demande. Il n'est plus seulement l'être qui reçoit les caresses, la nourriture et les soins ; il a maintenant le pouvoir de donner une « partie de lui-même » et ce « don » fait plaisir à sa famille. Mais il sait aussi qu'il peut refuser.

Voilà donc, pour un enfant, un nouveau moyen de montrer son indépendance et son autonomie (« Vous n'aurez mes fèces que si je le veux bien ! »). Évidemment, plus la famille y attache de l'importance et plus le risque d'opposition est grand.

Alain, deux ans, fait systématiquement ses besoins à côté du pot. Les parents sont outrés et les fessées fréquentes.
En cours de consultation, alors que sa mère est en train de se plaindre du comportement de son fils, Alain me regarde droit dans les yeux et demande les

toilettes. Les parents affolés m'énoncent que je m'expose à devoir nettoyer ce qui sera fait par terre. Mais, comme tout opposant qui se respecte, Alain va à la selle normalement, sans même oublier de tirer la chasse. Il observe ensuite ses parents d'un air narquois. Il vient de prouver qu'il sait faire mais ne désire pas mettre en application les consignes parentales.

La maman m'explique alors qu'elle a débuté un peu tôt l'apprentissage de la propreté car elle veut que son fils entre à l'école maternelle dès la rentrée prochaine (il n'aura alors que deux ans et demi). Elle y est obligée car elle doit débuter un nouveau travail en septembre. Or l'école n'accepte les enfants de cet âge que s'ils sont parfaitement propres.

Ainsi, ce que ce petit bonhomme montrait, c'était qu'il était prêt physiquement à être propre mais qu'il ne l'était pas encore affectivement : il ne pouvait affronter la séparation d'avec sa mère et l'entrée à l'école ; il s'opposait à l'organisation de sa future rentrée.

Le recours à une nourrice et l'intégration progressive en milieu scolaire ont permis de respecter le développement affectif de cet enfant sans le contraindre à des exigences sociales pour lesquelles il n'était pas mûr.

Dans cet exemple, nous avons insisté sur le fait que l'enfant était prêt physiquement à être propre.

La maturation neurologique est, en effet, la condition de base pour l'acquisition de la maîtrise des sphincters de l'anus et de la vessie. De même qu'il est illusoire de demander à un enfant de marcher trop tôt, il est dangereux de vouloir qu'il soit propre avant sa deuxième année de vie (ou plus tard si l'enfant a un retard de développement). Ses nerfs et ses muscles ne peuvent encore répondre à la commande volontaire.

Mais l'enfant doit être aussi prêt affectivement et cognitivement, c'est-à-dire qu'il doit avoir compris le pourquoi du pot plutôt que de la couche.

> Pour savoir si le refus de votre enfant de faire sur le pot correspond à un acte d'opposition, faites appel à votre intuition ou à vos souvenirs (comment cela s'est-il passé avec les plus grands ?). N'hésitez pas aussi à demander à votre pédiatre de vous aider à déterminer si ce refus ne correspond pas à une incapacité physique, affective ou cognitive.

➤ Il fait encore dans sa culotte

Tout le monde connaît les petits « accidents » des enfants scolarisés en maternelle. Dans le cadre de l'opposition, certains peuvent être provoqués. Voici ce que j'ai un jour observé au domicile d'un de mes collègues.

Clémence, âgée de quatre ans, rentre du square et vient voir son père. Après les embrassades, il lui demande de retourner jouer avec ses frères et sœurs car il a du travail. Clémence commence par protester, puis joue avec l'ordinateur et grimpe sur le bureau paternel. N'obtenant pas l'attention souhaitée, elle descend par terre et urine sur le sol en regardant son père (consterné) avec des yeux pétillants de malice.

On appelle énurésie l'existence de mictions répétées au lit ou dans les vêtements (qu'elles soient involontaires ou délibérées) chez un enfant ayant un âge développemental de cinq ans.

Ce trouble sphinctérien est *rarement* utilisé par l'enfant opposant. S'il apparaît, il s'agit le plus souvent soit d'un problème organique (infection urinaire, épilepsie...), soit d'un trouble anxieux ou tout simplement d'un enfant qui dort si profondément, qu'il n'est pas réveillé par la sensation de vessie pleine.

> Nous vous conseillons, devant une énurésie, d'en parler à votre médecin traitant ; il saura le plus souvent la traiter. Dans tous les cas, n'en faites pas une affaire d'État : l'énurésie est fréquente et disparaît pratiquement toujours avant l'adolescence.

On appelle encoprésie l'existence d'émissions fécales répétées (qu'elles soient involontaires ou délibérées) dans des endroits inappropriés chez un enfant ayant un âge développemental de quatre ans.

> Dans notre pratique, c'est l'encoprésie qui est régulièrement utilisée par les enfants pour exprimer leur opposition. Il s'agit le plus souvent de garçons vifs et intelligents.

Le trouble sphinctérien s'inscrit dans une attitude générale de refus oppositionnel, actif ou passif-agressif :

— Les opposants actifs jouent les despotes à la maison et font régulièrement leurs fèces dans leur slip ou dans des endroits inappropriés. Ils aiment avoir des spectateurs de leurs comportements et les réactions de dégoût et/ou d'humiliation semblent ne pas avoir de prise sur eux.

— Les opposants passifs-agressifs apparaissent comme très sages et conformes mais défèquent discrètement dans leurs vêtements. Ils vont ensuite les laisser traîner ou les cacher parmi les affaires de la personne à laquelle ils ont décidé de s'opposer. Les plus jeunes passifs-agressifs se retiennent de déféquer tant qu'on ne leur met pas une couche pour le faire. Leur message est clair : « J'accepte de donner mes fèces, mais seulement là où je le veux ! »

De nombreuses méthodes coercitives ont été prônées pour traiter les troubles sphinctériens : ne les appliquez pas. Vous vous sentiriez coupable alors que le problème, la plupart du temps, se résout avant l'adolescence. En outre, les encoprétiques sont les rois de la bataille. Ils le disent souvent en thérapie : « J'adore faire ch… les autres ! »

Un petit conseil : devant un enfant énurétique ou encoprétique en milieu scolaire, pensez à examiner les toilettes de l'école. Vous découvrirez peut-être alors leur vétusté, la mode à la turque (certains enfants craignent de tomber) ; l'absence de papier de toilette, les trous faits par les petits camarades pour voir ce qui s'y passe. Il peut aussi arriver que la maîtresse refuse qu'on se lève pendant la classe.

Bref, repensez à l'école et aux toilettes de votre enfance. Vous verrez que les choses n'ont pas beaucoup changé. De nombreux enfants se retiennent d'aller faire leurs besoins pour ces raisons et finissent par faire dans leurs vêtements.

Si tel était le cas, le fait de remédier à la vétusté des lieux d'aisance, de discuter avec les enseignants ou de fournir le papier nécessaire suffit généralement à faire disparaître le problème.

> Les troubles sphinctériens, même oppositionnels, disparaissent le plus souvent à l'adolescence. S'ils persistaient, il est nécessaire de vous faire aider par un thérapeute.

➤ Récapitulons

Vous trouverez, résumées dans ce tableau, les différentes formes de troubles sphinctériens. Celles que vous pouvez essayer de gérer par vous-même sont les plus fréquentes ; les autres nécessitent une aide thérapeutique.

	Formes bénignes	**Formes nécessitant une aide thérapeutique**
Âge de la propreté	Utilisation plus ou moins régulière du pot	Préoccupation familiale supérieure à 50 % Escalade coercitive
Enfant propre	Accidents Opposition occasionnelle	Préoccupation familiale supérieure à 50 % Escalade coercitive
	Énurésie Toilettes inadéquates ou enseignant trop rigide	Préoccupation familiale supérieure à 50 % Escalade coercitive

	Formes bénignes	**Formes nécessitant une aide thérapeutique**
	Encoprésie Toilettes inadéquates ou enseignant trop rigide	Préoccupation familiale supérieure à 50 % Escalade coercitive *et* Comportements particuliers (vêtements cachés, mis avec linge propre, rituels de défécation, etc.)
Adolescent		Systématique

Il a des troubles du sommeil

Parmi les troubles psychosomatiques, la pathologie liée au sommeil est de loin la plus fréquente, quel que soit l'âge des enfants. Les causes en sont aussi très nombreuses.

➤ C'est un nourrisson

L'insomnie traduit souvent le malaise du nourrisson dans son environnement. Elle est rarement le fait d'une opposition ; aussi n'en parlerons-nous pas longuement.

Toutefois, nous souhaitions vous dire que la présence d'un bébé insomniaque a toujours un retentissement considérable sur la vie familiale. Le climat d'énervement et d'exaspération qui en résulte est une source de conflit qui majore les troubles initiaux du bébé.

> Si votre bébé présente des troubles du sommeil, nous vous conseillons de recourir à l'aide d'un thérapeute afin de comprendre et de régler ce problème qui, chez le nourrisson, se traite souvent très simplement.

➤ C'est un enfant

À partir de deux ans, un enfant a des sentiments ambivalents dès qu'il s'agit d'aller se coucher. C'est à la fois un « excité » et un « inquiet » [25] : un excité, parce qu'il veut explorer tout et partout, maîtriser ce qui l'entoure et tout faire tout seul à sa façon ; un inquiet, parce que se coucher veut dire quitter (même provisoirement) des êtres auxquels il est attaché pour rejoindre un monde peuplé de cauchemars.

Afin de régler son ambivalence, il va reculer le plus loin possible le moment du coucher, soit en adoptant des conduites oppositionnelles, soit en aménageant un « espace transitionnel ».

1. L'aire transitionnelle. C'est un moment de partage affectif au cours duquel l'enfant développe des méthodes pour contrecarrer son anxiété. Il aime à ce moment-là vous parler, vous raconter ses histoires d'enfant, vous entendre raconter un conte, recevoir de nombreux câlins. Il se crée aussi des rituels et utilise des objets qui ont pour but de lui permettre de s'endormir rassuré : nounours (dans la même position), verre d'eau, présence d'un biberon, d'un « doudou », etc.

2. Les conduites oppositionnelles. Elles se traduisent par un refus du coucher, des pleurs, des hurlements, des levers multiples sous des prétextes futiles, l'enfant finissant par s'effondrer dans son lit. Elles sont le fait d'enfants vifs, curieux, qui ne veulent pas abandonner un monde qu'ils sont en train de découvrir, qui aiment maîtriser les situations et s'opposer à vous, afin de montrer leur indépendance et leur recherche d'autonomie. Mais ces enfants sont aussi de grands anxieux, qui ont peur de s'endormir.

En cas de conduite oppositionnelle, vous devrez travailler à l'aménagement d'une aire transitionnelle. Pour cela, il vous faudra :

- accepter l'idée que le coucher de votre enfant va durer entre vingt et trente minutes ;
- respecter la même durée du coucher tous les jours, quelles que soient les tentatives pour la prolonger : cela crée un rituel rassurant ;
- oublier vos soucis de la journée, débrancher votre téléphone, faire votre dîner avant ou après, attendre pour le ménage : votre enfant doit être votre seule préoccupation pendant ce temps que vous avez déterminé à l'avance ;
- tolérer les rituels mis en place par vos enfants (lumière, rangement, doudou, etc.) en essayant simplement d'y participer le moins possible : ces rituels sont sans conséquence et ils disparaîtront avec l'âge.

> Si vous devez coucher plusieurs enfants, il faudra peut-être diminuer un peu le temps du coucher (quinze à vingt minutes) et procéder par ordre d'âge (du plus petit au plus grand). Si c'est possible, les deux parents peuvent se rendre disponibles pour un enfant chaque soir et alterner tous les jours.

Certains parents nous disent que le soir ils sont fatigués, que la journée doit se terminer, que le repas et le ménage doivent se faire et, donc, qu'ils ne peuvent pas être disponibles. Il est vrai que ce n'est pas toujours facile.

Toutefois, si vos enfants veulent vraiment que vous les aidiez à se coucher, ils développeront des conduites oppositionnelles qui augmenteront votre fatigue et votre exaspération. Les conflits engendrés risquent fort de durer plus longtemps que l'aménagement de l'aire transitionnelle et ils vous empêcheront, de toute façon, de faire autre chose.

> Quitte à perdre du temps et de l'énergie, il vaut peut-être mieux les utiliser pour créer un espace sans conflit, plein de tendresse, qui vous détendra probablement vous aussi.

➤ C'est un adolescent

À cet âge, le besoin de maîtrise et le désir d'autonomie peuvent se traduire par un refus d'aller se coucher et un retard à l'endormissement.

Votre adolescent reste des heures à travailler, lire, écouter de la musique ou écouter des émissions de radio qui ont plus ou moins votre assentiment quant à leurs qualités. Il cherche, tout comme dans l'alimentation, à vous prouver sa capacité à maîtriser son corps et à se rendre indépendant de vos soins. Une fois sur deux, vos remarques sur les besoins physiologiques de sommeil suscitent sa consternation ou sa colère.

> Sachez qu'il n'y a, le plus souvent, pas de trouble du sommeil au sens médical du terme. Les

> enregistrements électriques montrent que, dans la majorité des cas, les préadolescents ou adolescents ont une quantité et une qualité de sommeil normales, mais décalées vers la fin de la nuit et le milieu de la journée. Autrement dit, les adolescents dorment entre 2 heures du matin et midi plutôt qu'entre 22 heures et 8 heures.

Soraya est une jeune fille de dix-sept ans, qui aime briller et être l'objet de toutes les attentions. À la maison, elle s'oppose sans arrêt à ses parents qu'elle trouve « ringards » et sans intérêt. Par principe, elle refuse systématiquement de manger en famille et de se coucher à des heures « normales ». Tous les soirs, quoi qu'il arrive, elle écoute son émission de radio préférée, entre 2 et 4 heures du matin.

Quand, poussée par ses parents qui s'inquiètent de ses rythmes de sommeil, elle accepte de venir en consultation, c'est uniquement pour évoquer la « fatigue » permanente dont elle se plaint dans la journée et qui l'empêche d'avoir les meilleures notes de la classe. Elle refusera en consultation de suivre tout conseil et ne changera rien à sa façon de vivre. L'idée, par exemple, d'enregistrer l'émission et de l'écouter à une heure décente lui paraît aussi stupide qu'inacceptable.

Inutile de dire que cette jeune fille considère n'avoir aucun problème d'adolescence. Elle se croit simplement trop intelligente pour être comprise de quiconque.

Compte tenu de l'intransigeance dont elle fait preuve, nous décidons d'un commun accord avec ses parents de la laisser mener sa vie comme elle l'entend, sans plus intervenir, afin de ne pas augmenter son sentiment de toute-puissance.

Les mois passent et la fatigue accumulée entraîne de sérieuses difficultés scolaires. Soraya décide alors, de son propre mouvement, de mettre en pratique les consignes de coucher qu'elle avait toujours refusé d'appliquer jusque-là. Du coup, elle peut décrocher son bac, sans grande difficulté.
La personnalité de cette jeune fille était et restait problématique mais puisqu'elle ne voulait pas faire de thérapie, nous avons décidé, avec la famille, de stopper les conflits autour du sommeil afin de ne pas augmenter son sentiment de toute-puissance.
Quelques mois plus tard, devant les problèmes scolaires et relationnels rencontrés en faculté, elle a accepté d'être aidée.

Il dort mal

Les autres troubles du sommeil – peurs, réveils multiples, demande de se coucher avec un parent, cauchemars, terreurs, insomnie – sont fréquents chez l'enfant jeune. Ils ne sont pas oppositionnels et appartiennent la plupart du temps au registre de l'anxiété. Là encore, il vous faudra aménager une aire transitionnelle. Si cela ne suffit pas, n'hésitez pas à vous faire aider par un thérapeute.

➤ Récapitulons

Voici ce que vous pouvez faire face à un trouble du sommeil entrant dans le cadre d'une opposition.

	Formes bénignes	Formes nécessitant une aide thérapeutique
Enfant de moins de deux ans	Passager Brève durée le soir Pas d'autres signes associés (va bien) Pas de « stress » chez les parents.	Compte tenu de l'anxiété et de l'exaspération déclenchées par les troubles du sommeil à cet âge, nous vous conseillons d'avoir systématiquement recours à un thérapeute.
Enfant jeune	Refus du coucher Anxiété	Résistance au changement Préoccupation familiale supérieure à 50 % Escalade du conflit Anxiété résistant à l'aménagement de l'aire transitionnelle
Adolescent	Décalage du sommeil	Retentissement physique ou scolaire

Il arrête de respirer

Une forme particulière d'opposition peut se traduire par des spasmes du sanglot.

Il s'agit d'une perte de connaissance survenant dans un contexte de pleurs à l'occasion d'une réprimande ou d'une frustration : l'enfant sanglote, sa respiration s'accélère jusqu'au blocage en inspiration forcée ; une cyanose (aspect bleuté de la peau) ou une pâleur apparaît alors et c'est l'évanouissement pendant quelques secondes.

Ce trouble apparaît au cours du deuxième trimestre de vie et se poursuit jusqu'à l'âge de trois ans, parfois de cinq-six ans. Sur le plan physique, il faut savoir que l'évolution est bénigne : il n'y a aucun signe neurologique associé, aucune séquelle à redouter. Le contexte relationnel, en revanche, est très particulier.

La perte de connaissance survient après une situation déplaisante et toujours en présence de la personne que l'enfant cherche à atteindre.

L'anxiété déclenchée par un tel tableau empêche alors les parents de maintenir la moindre consigne éducative. Ils démissionnent, évitent toute frustration à l'enfant, qui en profite pour augmenter son sentiment de toute-puissance et imposer ses quatre volontés. Il faut bien reconnaître qu'il est difficile de rester de marbre face à un petit bout d'homme qui semble s'asphyxier, même quand on sait qu'il n'en est rien.

> *Cédric, deux ans et demi, est un adorable petit garçon aux grands yeux bleus et aux belles boucles blondes. Et pourtant, sa mère n'en peut plus.*
>
> *Tous les jours, Cédric est infernal. À la maison, il refuse de manger, s'oppose à toute demande, ne veut pas se coucher le soir. Au square, il ennuie ses camarades et fait des colères dans les magasins dès qu'on essaie de lui refuser un cadeau.*
>
> *La maman m'explique qu'elle lui cède en tout. Autrement, Cédric fait un spasme du sanglot et elle ne le supporte pas. Chaque fois que son fils perd connaissance, elle revoit avec angoisse le visage de son premier-né, décédé de « mort subite du nourrisson » quelques années plus tôt.*

Cet exemple illustre bien la combinaison des différents facteurs qui interviennent dans le trouble oppositionnel psychosomatique : l'utilisation d'un organe cible particulier (respiratoire dans notre cas) ; lequel a une efficacité relationnelle certaine (épisode de la mort subite du nourrisson) sur la personne à qui le message est adressé (la mère).

> En cas de spasme du sanglot, les méthodes de changement du comportement décrites plus loin dans ce livre sont tout à fait applicables. Mais compte tenu de l'angoisse suscitée par ce trouble, nous vous conseillons vivement de vous faire aider au début par une personne en qui vous avez toute confiance et qui saura vous épauler lorsque vous aurez très peur. Il peut s'agir d'un de vos proches ou d'un thérapeute neutre.

Il est tout le temps malade

Si les enfants sont capables de maîtriser leurs fonctions physiologiques normales, ils sont aussi capables, quel que soit leur âge, d'utiliser une fragilité corporelle pour exprimer leurs revendications.

Tous les soirs, Jenny, cinq ans, refuse d'aller au lit. Elle hurle au moment du coucher et n'accepte de s'endormir que si un adulte s'allonge auprès d'elle. Quand ses parents ne viennent pas, elle vomit. Sa mère entre alors dans sa chambre pour nettoyer et se sent obligée de rester.

Quelques mois plus tôt, un examen médical avait révélé que cette petite fille souffrait d'un reflux

gastro-œsophagien (la partie supérieure de l'estomac se ferme mal et les éléments remontent facilement). Un traitement avait alors été décidé et l'état de santé général s'était rapidement amélioré. Seuls les vomissements persistaient au moment du coucher.
L'observation pratiquée par les parents, à l'insu de l'enfant, a permis d'établir que Jenny utilisait son anomalie physiologique pour provoquer des vomissements. De fait, lorsque le père et la mère, d'un commun accord, ont décidé de ne plus céder aux exigences vespérales de leur fille, la symptomatologie a disparu. Il a alors été possible de comprendre les raisons de l'opposition chez cette enfant.

Tout comme le spasme du sanglot, l'utilisation oppositionnelle d'une fragilité corporelle est particulièrement angoissante pour les parents. Ils craignent une récidive de la maladie et évitent tout sujet de conflit. Même au prix du despotisme de l'enfant.

> Nous vous conseillons de bien discuter avec votre pédiatre du trouble dont votre enfant est affecté. Essayez, avec lui, de faire la part des choses, de distinguer les symptômes liés à la pathologie organique de ceux qui ont une composante psychologique relationnelle. Vous serez ainsi plus solide pour mettre en place une stratégie de changement.

Chapitre 11

Petites infractions ou gros délits

Votre enfant commet des actes répréhensibles

Jules a six ans. Il refuse d'écrire en classe.

Gérald a douze ans. Habituellement premier de sa classe, il a menti et caché ses mauvais résultats du dernier trimestre.

Benjamin, sept ans, a volé les gâteaux de son copain Paul.

Clara, neuf ans, prend régulièrement de petites sommes d'argent dans le sac de sa mère.

Olivia, quinze ans, insulte ses professeurs.

Adrien, huit ans, a volé un carambar dans une boulangerie ; Julie, seize ans, un disque au supermarché.

Selon vos croyances, vos principes éducatifs, vous allez réagir différemment. Certains d'entre vous vont banaliser ces comportements (« On a tous fait ça quand on était jeune ! ») D'autres vont pousser des hurlements et réclamer des sanctions immédiates (« Si on laisse passer ça, mais jusqu'où ira-t-on ! ») Et vous aurez tous raison !

Reprenons.

L'opposition fait partie du développement normal de l'enfant et touche les lois auxquelles il est soumis. Elle peut donc se traduire par :

— un refus de l'autorité familiale, scolaire ou sociale (opposition verbale, colères, etc.) ;

— un manque de respect aux règles de vie en société (destruction d'objets, bagarres, insultes, etc.) ;

— un refus des contraintes (pas de devoir, pas de tâches ménagères, etc.) ;

— une transgression des lois (vols, mensonge, etc.).

Pratiquement tous les enfants vont, à un moment ou un autre de leur éducation, se rebeller ou transgresser ces lois.

> Ces comportements perturbateurs sont des signaux d'alarme que vous devez prendre en compte : votre enfant teste vos limites, celles de l'école, de la société ; il veut comprendre jusqu'où il peut ou n'est pas en droit d'aller ; il attend que vous le lui montriez.

Imaginez qu'au lieu d'être des parents, vous soyez des moniteurs d'auto-école.

Vous devrez, tout d'abord, apprendre à votre enfant le code de la route (les lois auxquelles il sera soumis) et lui faire comprendre que conduire, c'est comme trouver sa place en société : la voiture est un moyen efficace d'arriver à la destination choisie, mais sa conduite doit se faire tout en respectant le parcours des autres usagers. De même, réussir sa vie se fait dans le respect de celle des autres.

En tant que parents (moniteurs d'auto-école), vous allez ensuite indiquer, à tout moment, le meilleur itinéraire pour aller d'un point à un autre.

Vous devrez accepter que, parfois, votre élève ne choisisse pas la même route que vous. La difficulté principale sera d'obtenir qu'il ne s'engage pas dans une rue en « sens interdit », qu'il s'arrête lorsqu'il y a un « Stop » et qu'il fasse tout cela volontairement parce qu'il y trouve *son* intérêt.

Et je parle bien de bénéfice et non pas de sanction, car les sanctions n'ont jamais empêché quiconque d'enfreindre les lois.

> À partir du moment où quelqu'un trouve plus d'avantages dans la transgression que dans le respect d'un code, ce n'est pas l'éventuelle sanction qui l'empêchera d'agir. D'autant qu'il n'y a pas toujours un policier derrière chaque sens interdit ou de voiture au croisement du stop.

Jules a refusé d'écrire car sa maîtresse s'était moquée de son écriture.
Gérald a préféré cacher ses notes parce qu'il craignait de décevoir ses parents.
Benjamin a pris les gâteaux de son copain, parce qu'il en avait envie.
Clara a volé sa mère car elle était rackettée.
Olivia insultait ses professeurs, parce qu'elle détestait son école privée et voulait être renvoyée.
Adrien a volé un carambar pour voir ce que ses parents diraient et Julie a pris le disque parce qu'elle était privée d'argent de poche en raison de ses mauvais résultats scolaires.

Si un enfant vole, ment, insulte ses professeurs, c'est parce qu'à un moment donné il a pensé que c'était la meilleure solution pour assouvir ses désirs ou régler un problème.

Face à son comportement perturbateur, l'enfant opposant attend :

1. que vous lui rappeliez que des lois ont été bafouées ;

2. que vous lui montriez qu'il y avait une autre solution pour régler son problème ou satisfaire ses besoins.

> Un enfant doit connaître les limites de ses actes ; comprendre qu'il devra en assumer les conséquences mais aussi savoir qu'il trouvera un parent pour l'aider et lui montrer, à nouveau, l'itinéraire le plus efficace en termes de bénéfices personnels.

Tout cela revient à dire qu'il vous faudra valoriser les comportements adaptés de votre enfant, dévaloriser, voire sanctionner les comportements perturbateurs, mais aussi discuter, expliquer, négocier.

Nous vous proposons dans ce livre, une méthode pratique pour vous aider à y parvenir.

Comme d'habitude, n'oubliez pas de faire vos évaluations. Elles vont vous servir à déterminer le seuil au-delà duquel il est préférable que vous soyez aidé, dans votre démarche, par un thérapeute.

À RETENIR

Comportement perturbateur de l'enfant
Seuil au-delà duquel une aide thérapeutique s'avère nécessaire

1. Intensité supérieure à 50 %.
2. Fréquence supérieure à la moyenne chez les enfants du même âge.
3. Existence de plusieurs symptômes associés (colères, agressivité, refus de faire ses devoirs, mensonges…).
4. Liens de cause à effet peu évidents.
5. Préoccupation familiale supérieure à 50 %.

Chapitre 12

La forme pathologique

Le trouble oppositionnel avec provocation

Sébastien a seize ans. À la maison, il s'oppose à tout et refuse toutes les consignes. Il se met en colère dès qu'on lui impose quelque chose, tape dans les portes ou casse des objets de façon impulsive. Il se bagarre régulièrement avec ses frères qui se retrouvent parfois aux urgences. Il ne fait plus rien à l'école, cache ses notes à sa famille et vole dans le porte-monnaie de sa mère.

Voilà un exemple d'opposition clairement pathologique, caractérisée par un ensemble de manifestations qui correspondent aux symptômes décrits dans le manuel diagnostique et statistique des troubles mentaux de l'enfant (DSM-IV[26]). La Collégiale de psychiatres qui ont élaboré ce manuel a donné à cette forme pathologique d'opposition le nom de « trouble oppositionnel avec provocation ».

Si l'ensemble des symptômes présentés par votre enfant correspond aux critères diagnostiques listés ci-dessous, ne paniquez pas ! Cela signifie simplement que vous ne pouvez pas résoudre le problème tout seul et que l'aide d'un psychothérapeute est indispensable.

Les critères

Voici les critères diagnostiques du trouble oppositionnel avec provocation selon le DSM-IV.

A. Ensemble de comportements négativistes, hostiles ou provocateurs, persistant pendant *au moins 6 mois* durant lesquels sont présentes *quatre* des manifestations suivantes (ou plus) :

1. Se met souvent en colère.
2. Conteste souvent ce que disent les adultes.
3. S'oppose souvent activement ou refuse de se plier aux demandes ou aux règles des adultes.
4. Embête souvent les autres délibérément.
5. Fait souvent porter à autrui la responsabilité de ses erreurs ou de sa mauvaise conduite.
6. Est souvent susceptible ou facilement agacé par les autres.
7. Est souvent fâché et plein de ressentiment.
8. Se montre souvent méchant ou vindicatif.

N.B. On ne considère qu'un critère est rempli que si le comportement survient *plus fréquemment* qu'on ne l'observe habituellement chez des sujets d'âge et de niveau de développement comparables.

B. La perturbation des conduites entraîne une altération cliniquement significative du fonctionnement social, scolaire ou professionnel.

Attention : ces critères diagnostiques ne sont pas destinés à faire de vous des apprentis « psy », ils doivent simplement vous permettre de reconnaître que vous aurez du mal à régler seul les difficultés de votre enfant.

Description

La fréquence

Le trouble oppositionnel est un motif extrêmement fréquent[27] de consultation en psychopathologie de l'enfant et de l'adolescent.

Il apparaît généralement avant l'âge de huit ans et se manifeste plus souvent chez le garçon que chez la fille. À compter de la puberté, toutefois, la proportion entre les deux sexes tend à s'équilibrer[28].

> Dans les études sur la population enfantine, la fréquence du trouble oppositionnel avec provocation varie entre 2 et 16 %. L'importance de cet écart s'explique par la difficulté d'utiliser des critères diagnostiques précis, compte tenu des différentes formes que peut prendre l'opposition et de son caractère inéluctable au cours du développement d'un enfant.

Depuis une vingtaine d'années, les professionnels de la santé mentale ont pris l'habitude de se réunir et de travailler ensemble pour déterminer les critères qui doivent être retenus pour parler de pathologie. Des études sur la population générale sont ensuite faites et les classifications proposées sont régulièrement remises à jour.

Deux grandes classifications sont actuellement les plus utilisées : le DSM-IV (4e révision), établi par l'Association américaine de psychiatrie, et la classification internationale des maladies : CIM 10 (10e révision) plus largement utilisée par les psychiatres européens. Dans le domaine du trouble oppositionnel avec provocation, les deux classifications présentent à peu près les mêmes critères diagnostiques (cf. page précédente).

Les origines du trouble

Les études sur l'origine du trouble oppositionnel avec provocation ont défini cinq causes essentielles, plus ou moins intriquées.

Ces cinq facteurs, pris isolément ou ensemble, initient, maintiennent ou aggravent le trouble. Comme nous le verrons au chapitre des traitements, il est nécessaire d'agir sur *tous* ces facteurs, si l'on veut traiter efficacement le trouble.

➤ Les relations parents-enfants

L'inconsistance éducative est souvent soulignée dans les études. Elle se manifeste par un abandon de l'autorité alternant avec des mesures coercitives exagérées[29].

Du coup, les échanges familiaux se raréfient et l'agressivité augmente, provoquant une aggravation du trouble.

➤ Les caractéristiques de l'enfant

Les enfants souffrant de trouble oppositionnel avec provocation sont souvent plus impulsifs, plus inattentifs, plus actifs et plus prompts à réagir sur le plan émotionnel que la moyenne des enfants du même âge[30].

> Il est prouvé aujourd'hui que l'apparition, à un très jeune âge, d'un déficit de l'attention accompagné d'hyperactivité est un facteur de risque important pour le développement du trouble oppositionnel avec provocation.

Le trouble déficitaire de l'attention avec hyperactivité (voir en fin de chapitre pour les critères diagnostiques) se caractérise par :

— l'hyperactivité : l'enfant est toujours en mouvement ;
— l'inattentivité : l'enfant mène rarement à terme les nombreuses activités qu'il entreprend ;
— l'impulsivité : l'enfant agit avant de réfléchir.

Sans être à proprement parler opposants, ces enfants ont toujours autre chose à faire que d'accomplir les tâches demandées. Voici ce que raconte la maman de Thomas, un petit garçon de huit ans qui présente un trouble déficitaire de l'attention avec hyperactivité.

Thomas est toujours actif. Il n'arrête pas de la journée. Il ne peut pas rester en place. On dirait une tornade. Si je lui demande de faire quelque chose, il rechigne mais il finit par le faire. Seulement, il met tellement de temps et c'est une telle catastrophe à l'arrivée que je préfère le faire moi-même.

Par exemple, l'autre jour, je lui ai demandé de descendre les poubelles. À la cinquième demande, il a pris le sac en le lançant en l'air comme un ballon. Il a ensuite descendu l'escalier de service en glissant sur la rampe, comme à son habitude. Arrivé en bas, il a « shooté » dans le sac espérant l'envoyer directement dans la poubelle.
Évidemment, le paquet s'est déchiré et son contenu s'est répandu sur le sol. En fouillant, Thomas a alors découvert plusieurs boîtes de conserve qu'il a empilées, pour ensuite les faire tomber à l'aide d'un vieux jouet qu'il jetait dessus.
Au bout d'un quart d'heure d'absence, j'ai dû aller le chercher, remettre les déchets dans le sac et jeter le tout à la poubelle. Si j'avais fait cette corvée moi-même, j'aurais perdu moins de temps. Je vais finir par ne plus rien oser demander à Thomas.

Comme on le voit dans cet exemple, les enfants présentant un trouble déficitaire de l'attention avec hyperactivité ne refusent pas les consignes. Mais leur façon de les réaliser suscite la même exaspération parentale que dans le trouble oppositionnel avec provocation.

> Les mécanismes d'apparition et de maintien de l'opposition peuvent alors s'enclencher et aboutir à faire évoluer un enfant hyperactif en opposant pathologique.

➤ Les caractéristiques parentales

D'après les études[31], il y a plus de risques qu'un enfant développe un trouble oppositionnel avec provocation si ses parents sont immatures, impulsifs, inattentifs, déprimés, hostiles ou bien encore rejetants.

Il semble donc que parents et enfants aient des caractéristiques comportementales similaires. Cette constatation va dans le sens du quatrième facteur prédisposant.

➤ Les facteurs biologiques

Depuis quelques années, de nombreuses études ont montré le rôle d'un neurotransmetteur (élément permettant la transmission des messages du cerveau jusqu'aux nerfs), la sérotonine, dans la genèse de certains troubles mentaux. Il existe notamment une relation certaine entre un dysfonctionnement de la sérotonine et l'impulsivité, l'agressivité, l'irritabilité et la dépression chez l'adulte comme chez l'enfant ou l'adolescent[32].

Si les parents et les enfants ont le même trouble psychopathologique, il est probable qu'il soit héréditaire, mais les études en cours n'ont pas encore permis de confirmer cette hypothèse.

Ces caractéristiques communes sont, en tout cas, certainement en cause dans la prédisposition, le maintien et l'aggravation des troubles : quand les relations parents-enfants sont marquées par l'impulsivité, l'irritabilité et l'hostilité de manière bidirectionnelle, le trouble des uns aggrave la symptomatologie des autres.

➤ Les facteurs sociaux

La qualité de vie a également été étudiée chez les familles d'enfants opposants.

Plusieurs éléments ont été retrouvés qui pourraient être à l'origine du trouble oppositionnel ou favoriser son maintien.

Parmi les facteurs internes les plus fréquents, citons l'alcoolisme, l'éducation monoparentale et les conflits conjugaux ; parmi les facteurs externes à la famille, le chômage, les difficultés financières et le stress lié au travail[33].

L'évolution du trouble

Il faut savoir que l'opposition pathologique n'est pas continue au cours d'une journée. Elle apparaît sous forme d'épisodes aigus, qui alternent avec des phases de comportement adapté.

Analysons un de ces épisodes.

Imaginons que vous donniez un ordre qui n'est pas du goût de votre fils ou fille (arrêter de jouer pour mettre la table, aller au lit, ranger sa chambre, faire ses devoirs). S'il est opposant, votre enfant n'y répond pas tout de suite.

Vous répétez alors votre demande un certain nombre de fois, disons, de 5 à *n*, selon votre degré de patience et le niveau d'opposition de votre interlocuteur.

Au fur et à mesure, votre exaspération augmente en même temps que l'intonation de votre voix se durcit. Vous finissez par menacer d'une punition si la tâche n'est pas accomplie dans la minute qui suit. Deux cas de figure se présentent alors :

1. Votre enfant exécute la consigne sous l'effet de l'avertissement (ou de la punition s'il n'a pas obtempéré). Vous aurez le sentiment d'avoir gagné et vous croirez que votre opposant respectera à l'avenir votre autorité. En fait, les enfants ont une autre vision des choses. Ils pensent, eux aussi, avoir gagné, car ils ont obtenu de différer la réalisation de la consigne et ils ont prolongé, le temps de la dispute, la situation plaisante où ils se trouvaient. Aussi, ne soyez pas étonné si au prochain commandement de votre part, le scénario se répète.

2. Vous renoncez, lassé de vous battre, et ne mettez pas à exécution votre menace. Vous êtes discrédité aux yeux de votre enfant puisque vos paroles n'ont pas été suivies d'effet.

> L'inconsistance éducative, si elle se renouvelle fréquemment, fait le lit du trouble oppositionnel avec provocation[34]. Au fur et à mesure, le comportement s'étend, passe du milieu familial à d'autres domaines et gagne progressivement toutes les situations sociales où l'enfant doit accomplir des tâches qu'il considère comme déplaisantes.

➤ Les relations au sein de la famille

Les interactions familiales deviennent mauvaises et, par un effet de retour, aggravent le comportement oppositionnel.

Afin d'éviter les tâches désagréables, l'enfant développe de nombreuses conduites de refus (colères, mensonges, agressivité). Les parents deviennent de plus en plus coercitifs et méfiants, mais ils évitent aussi de demander quoi que ce soit de peur de déclencher un nouveau conflit. Par exemple, ils ne demanderont plus à être aidés pour les tâches domestiques. Ils les feront éventuellement réaliser par les frères et sœurs.

Évidemment, la fratrie n'appréciera pas, elle en voudra à l'opposant qu'elle aura tendance à mettre à l'écart. Autre possibilité : elle peut décider, au vu de ce qui se passe, d'adopter le même comportement pour en tirer les mêmes bénéfices.

C'est la fin de toute harmonie familiale.

Chacun des protagonistes ressasse son mécontentement ou sa rage : les parents ont l'impression d'être incompétents sur le plan éducatif ; ils risquent de s'accuser l'un l'autre des difficultés (surtout si l'enfant s'oppose davantage à l'un des parents) ; les frères et sœurs sont rongés par le ressentiment ou l'envie et l'opposant se sent incompris et mal aimé.

Les tensions familiales entraînent une diminution des interactions agréables (jeux, discussion, promenades collectives). Les réunions avec la famille élargie sont évitées (on ne tient pas à exhiber ses difficultés).

L'isolement social du groupe familial s'installe.

➤ À l'école

Le trouble oppositionnel avec provocation entraîne des difficultés d'apprentissage puisque le jeune refuse de faire les devoirs ou de respecter les consignes disciplinaires.

S'ensuivent alors des redoublements pour manque de travail, des exclusions temporaires ou définitives et une orientation dans des circuits qui déscolarisent rapidement l'opposant devenu adolescent.

➤ Avec les pairs

L'opposant s'érige en chef et n'accepte aucun compromis avec ses camarades. Son intransigeance, ses coups de poing faciles pour des sujets futiles, ses mensonges, ses actes de délinquance plus ou moins graves entraînent sa mise à l'écart du groupe. Les invitations sont rares et l'exclusion des activités sociales très fréquente.

Les complications du trouble oppositionnel avec provocation

On estime qu'environ 20 à 25 % des enfants ayant un trouble oppositionnel avec provocation ne présenteront plus de symptômes après trois ans d'évolution.

En revanche, chez plus de 52 % d'entre eux, le trouble persistera et se transformera dans la moitié des cas en trouble des conduites[35] (ses critères sont décrits en fin de chapitre).

> Le trouble des conduites est la complication majeure du trouble oppositionnel avec provocation. Chez les sujets présentant cette pathologie, on trouve en effet, dans plus de 80 % des cas, des antécédents de trouble oppositionnel avec provocation durant l'enfance.

Les personnes qui présentent un trouble des conduites ont des conduites antisociales de plus en plus graves : vols, mensonges, toxicomanie... On constate aussi des dépressions majeures et des tentatives de suicide.

L'évolution et les conséquences du trouble oppositionnel avec provocation sont donc suffisamment graves pour justifier sa prise en charge *rapide* par un thérapeute spécialisé.

LE TROUBLE DÉFICITAIRE DE L'ATTENTION-HYPERACTIVITÉ

Voici les critères du trouble déficitaire de l'attention selon le DSM-IV.

A. Présence soit de (1), soit de (2) :

(1) *six* des symptômes suivants d'**inattention** (ou plus) ont persisté pendant *au moins 6 mois*, à un degré qui est inadapté et ne correspond pas au niveau de développement de l'enfant :

(a) souvent, ne parvient pas à prêter attention aux détails, ou fait des fautes d'étourderie dans les devoirs scolaires, le travail ou d'autres activités

(b) a souvent du mal à soutenir son attention au travail ou dans les jeux

(c) semble souvent ne pas écouter quand on lui parle personnellement

(d) souvent ne se conforme pas aux consignes et ne parvient pas à mener à terme ses devoirs scolaires, ses tâches domestiques ou ses obligations professionnelles (cela n'est pas dû à un comportement d'opposition, ni à une incapacité à comprendre les consignes)

(e) a souvent du mal à organiser ses travaux ou ses activités

(f) souvent évite, a en aversion ou fait à contrecœur les tâches qui nécessitent un effort mental soutenu (comme le travail scolaire ou les devoirs à la maison)

(g) perd souvent les objets nécessaires à son travail ou à ses activités (jouets, cahiers de devoirs, crayons, livres ou outils)

(h) souvent se laisse facilement distraire par des stimuli externes

(i) a des oublis fréquents dans la vie quotidienne

(2) *six* des symptômes suivants d'**hyperactivité-impulsivité** (ou plus) ont persisté pendant *au moins six mois*, à un degré qui est inadapté et ne correspond pas au niveau de développement de l'enfant :

hyperactivité

(a) remue souvent les mains ou les pieds, ou se tortille sur son siège

(b) se lève souvent en classe ou dans d'autres situations où il est supposé rester assis

(c) souvent court ou grimpe partout, dans des situations où cela est inapproprié (chez les adolescents ou les adultes, ce symptôme peut se limiter à un sentiment subjectif d'impatience motrice)

(d) a souvent du mal à se tenir tranquille dans les jeux ou les activités de loisirs

(e) est souvent « sur la brèche » ou agit souvent comme s'il était « monté sur ressorts »

(f) parle souvent trop

impulsivité

(g) laisse souvent échapper la réponse à une question qui n'est pas encore entièrement posée

(h) a souvent du mal à attendre son tour

(i) interrompt souvent les autres ou impose sa présence (fait irruption dans les conversations ou dans les jeux)

B. Certains des symptômes d'hyperactivité-impulsivité ou d'inattention ayant provoqué une gêne fonctionnelle étaient présents avant l'âge de 7 ans.

C. Présence d'un certain degré de gêne fonctionnelle liée aux symptômes dans deux, ou plus de deux types d'environnement différents (par exemple, à l'école ou au travail, et à la maison).

D. On doit mettre clairement en évidence une altération cliniquement significative du fonctionnement social, scolaire ou professionnel.

E. Les symptômes ne surviennent pas exclusivement au cours d'un trouble envahissant du développement, d'une schizophrénie ou d'un autre trouble psychotique, et ils ne sont pas mieux expliqués par un autre trouble mental (par exemple, trouble thymique, trouble anxieux, trouble dissociatif ou trouble de la personnalité).

Code selon le type :
Déficit de l'attention/hyperactivité, type mixte : si à la fois les critères A1 et A2 sont remplis pour les 6 derniers mois.
Déficit de l'attention/hyperactivité, type inattention prédominante : si, pour les 6 derniers mois, le critère A1 est rempli mais pas le critère A2.
Déficit de l'attention/hyperactivité, type hyperactivité prédominante : si, pour les 6 derniers mois, le critère A2 est rempli mais pas le critère A1.

LE TROUBLE DES CONDUITES

Voici les critères du trouble des conduites selon le DSM-IV.

Ensemble de conduites, répétitives et persistantes, dans lesquelles sont bafoués les droits fondamentaux d'autrui ou les normes et règles sociales correspondant à l'âge du sujet, comme en témoigne la présence de trois des critères suivants (ou plus) au cours des 12 derniers mois, et d'au moins un de ces critères au cours des 6 derniers mois.

Agressions envers des personnes ou des animaux

(1) brutalise, menace ou intimide souvent d'autres personnes
(2) commence souvent les bagarres
(3) a utilisé une arme pouvant blesser sérieusement autrui (par exemple un bâton, une brique, une bouteille cassée, un couteau, une arme à feu)
(4) a fait preuve de cruauté physique envers des personnes
(5) a fait preuve de cruauté physique envers des animaux
(6) a commis un vol en affrontant la victime (par exemple agression, vol de sac à main, extorsion d'argent, vol à main armée)
(7) a contraint quelqu'un à avoir des relations sexuelles

Destruction de biens matériels

(8) a délibérément mis le feu avec l'intention de provoquer des dégâts importants
(9) a délibérément détruit le bien d'autrui (autrement qu'en y mettant le feu)

Fraude ou vol

(10) a pénétré par effraction dans une maison, un bâtiment ou une voiture appartenant à autrui

(11) ment souvent pour obtenir des biens ou des faveurs ou pour échapper à des obligations (par exemple « arnaque » les autres)
(12) a volé des objets d'une certaine valeur sans affronter la victime (par exemple vol à l'étalage sans destruction ou effraction ; contrefaçon)

Violations graves de règles établies
(13) reste dehors tard la nuit en dépit des interdictions de ses parents, et cela a commencé avant l'âge de treize ans.
(14) a fugué et passé la nuit dehors au moins à deux reprises alors qu'il vivait avec ses parents ou en placement familial (ou a fugué une seule fois sans rentrer à la maison pendant une longue période)
(15) fait souvent l'école buissonnière, et cela a commencé avant l'âge de treize ans

Spécifier le type, selon l'âge de début :
Type à début pendant l'enfance : présence d'au moins un critère caractéristique du trouble des conduites avant l'âge de dix ans.
Type à début pendant l'adolescence : absence de tout critère caractéristique du trouble des conduites avant l'âge de dix ans.

Spécifier, selon la sévérité :
Léger : il n'existe que peu ou pas de problèmes de conduite dépassant en nombre ceux requis pour le diagnostic ; *de plus*, les problèmes de conduite n'occasionnent que peu de mal à autrui.
Moyen : le nombre de problèmes de conduite, ainsi que leurs effets sur autrui, sont intermédiaires entre « léger » et « sévère ».
Sévère : il existe de nombreux problèmes de conduite dépassant en nombre ceux requis pour le diagnostic ; *ou bien*, les problèmes de conduite occasionnent un dommage considérable à autrui.

Chapitre 13

Vos questions et remarques les plus fréquentes

Suis-je un mauvais éducateur ?

NON. Il n'y a pas de bons ou de mauvais parents. Par contre, nous l'avons vu, il y aura nécessairement des périodes d'opposition dans le développement d'un enfant.

Vous ferez certainement des « erreurs » éducatives dans la gestion de cette opposition. Et si suivre les conseils des professionnels semble facile « à froid », en situation d'urgence ou lorsque l'exaspération est à son comble, c'est nettement plus délicat.

> Vous n'êtes pas les seuls : si vous saviez le nombre de fois où je me dis que je venais de réagir avec ma fille exactement comme je demande aux parents de ne pas le faire !!! Il faut reconnaître, à votre (et à ma) décharge,

> que ces petits bonshommes savent exactement comment nous toucher et nous provoquer.

M'aime-t-il ?

OUI. L'opposition n'a rien à voir avec l'amour que l'enfant vous porte. Ne remettez jamais en question son affection.

Il se peut que vous soyez traité de « la plus méchante des mamans » ou de « vieux c... » : ces termes visent seulement à vous blesser sur le coup ; ils ne reflètent pas une opinion ressentie à votre encontre. En effet, et contrairement aux adultes, les jeunes vivent dans l'instant et ils oublient vite. Les réflexions désagréables du matin peuvent laisser place, une heure plus tard, à des compliments ou des câlins.

Ne soyez donc pas rancunier. Vivez au jour le jour, situation par situation. N'anticipez pas sur une éventuelle chronicisation ou un rejet.

> **N'oubliez pas :** les enfants sont impulsifs et ont du mal à contrôler leurs émotions. Si vous remettez en cause leur amour pour vous, vous risquez de les angoisser et d'aggraver leur comportement.

Le fait-il pour m'embêter ?

OUI, en partie. Nous l'avons dit plusieurs fois, le but de l'opposition est de vous provoquer ou de vous tester. Votre enfant choisira les manifestations oppositionnelles qui vous déplaisent le plus.

> **Un conseil :** pour qu'il y ait provocation, il faut un provocateur mais aussi un provoqué… À vous d'essayer de ne pas jouer ce rôle.

Va-t-il devenir fou ?

NON. L'opposition est un trouble relationnel et les complications principales sont sociales.

Le risque majeur réside dans la marginalisation et les conduites délictueuses qui accompagnent l'exclusion. Rejeté par ses camarades, exclu du système scolaire, en lutte contre sa famille, l'opposant risque de développer des conduites hors la loi de plus en plus fréquentes. Le second risque concerne l'harmonie familiale si l'opposition devient psychopathologique.

> **Conseil :** plutôt que de perdre votre énergie à envisager le pire, essayez de mieux l'utiliser à gérer, situation par situation, les comportements opposants de votre enfant.

Dois-je l'envoyer en pension ?

OUI ET NON.

Quels en sont les avantages ? Lorsque la tension familiale est à son comble et que tout devient lutte et combat, l'utilisation d'un espace neutre peut permettre de dédramatiser et de diminuer l'hostilité des uns et des autres. C'est ce que nous avons fait dans le cas de Fabien et de son père qui se disputaient en permanence.

Quels en sont les inconvénients ? La mise en internat peut être vécue par l'enfant comme une exclusion supplémentaire. Si, de plus, la famille se retrouve trop soulagée par l'absence de l'enfant perturbateur, elle risque de ne plus vouloir se reconstituer avec lui.

Si l'internat doit être décidé, il doit se faire dans un projet thérapeutique et en accord avec l'enfant. À ses retours le week-end, la famille entière doit se retrouver autour d'un thérapeute neutre qui l'aidera à retrouver un dialogue positif.

> **Attention :** le « pensionnat » ne doit en aucun cas être le résultat de menaces telles que : « Si tu n'es pas sage, tu iras en pension ! » L'opposant ne manquerait pas de se « venger » en utilisant ses talents de provocateur pour se faire renvoyer de tous les établissements. Et vous n'aurez rien résolu.

Il veut se montrer le plus fort et un parent ne doit pas céder

CESSEZ LE COMBAT ! Il serait dommageable que les rapports parents-enfants soient basés sur des rapports de force. Être parent consiste à donner les moyens à son enfant de trouver sa place au sein de la société, ce qui implique d'accepter certaines contraintes et de faire certaines concessions. C'est exactement ce que vous devez essayer de faire comprendre à votre progéniture.

> En cédant, parfois, aux exigences de votre enfant, vous lui montrerez qu'on peut être souple, qu'on peut négocier et que, dans certains cas, il est possible de modifier les règles à condition que le résultat soit bénéfique pour *tout le monde*.

Il montre le mauvais exemple à ses frères et sœurs

NON. L'opposition n'est pas contagieuse, ce n'est pas la varicelle. L'adoption par les autres enfants d'un comportement perturbateur est un signe de fragilité familiale. Elle reflète un trouble global de communication qu'il faut traiter en famille.

S'il n'était pas là, je ne me disputerais pas avec mon conjoint

VRAI ET FAUX. L'opposition d'un enfant crée souvent des disputes entre les parents. Voici le scénario classique.

Dans la majorité des cas, l'enfant est plus opposant avec sa mère, qui est davantage présente à la maison. Le soir, le père rentre fatigué du travail et retrouve une épouse exaspérée. Commence alors le long compte rendu des disputes qui ont émaillé la journée. Deux attitudes paternelles se présentent classiquement.

Première possibilité : n'ayant assisté qu'à un très petit nombre de confrontations et ne voulant pas s'impliquer, monsieur prononce cette petite phrase magique : « Arrête de dramatiser ! Avec moi, il n'est pas comme ça. » Je vous laisse imaginer la réaction de sa femme excédée et la dispute qui ne manque évidemment pas de se produire.

Seconde possibilité : le mari cherche à rétablir l'autorité par des sanctions physiques ou verbales qui ne satisfont personne. L'enfant a du ressentiment, la mère se sent coupable et le père est frustré de n'avoir qu'un rôle de censeur auprès de sa descendance.

Dans l'un et l'autre cas, le mari et la femme ont le sentiment de ne pas être, personnellement ou mutuellement, de bons parents, et cette mauvaise estime agit sur la qualité de leurs relations de couple.

> On sait aussi que le processus inverse est également vrai et que la mésentente d'un couple favorise l'apparition du trouble oppositionnel. Un enfant peut même choisir d'adopter un comportement perturbateur pour « déplacer » le problème sur lui et empêcher ses parents de se disputer ou de rompre en raison de leurs difficultés maritales.

Il est infernal depuis que je suis seul(e)

SOUVENT VRAI. Il est très difficile de vivre en situation monoparentale. Les soucis familiaux, professionnels et financiers semblent multipliés par deux et le parent sait qu'il ne doit compter que sur lui-même.

Des priorités s'imposent : le travail, l'école, les repas, les factures, les courses. L'organisation quotidienne est minutée et laisse peu de place, faute de temps, aux échanges familiaux agréables (loisirs, jeux, discussions).

Cette situation stressante engendre de nombreux conflits entre l'adulte inquiet pour l'avenir de son (ses) enfant(s) et le jeune davantage intéressé par ses plaisirs quotidiens.

Sachez aussi ceci : il est plus efficace, pour faire sortir un parent soucieux de ses ruminations, d'avoir un comportement provocateur que de rester sagement dans sa chambre. Vos enfants le découvrent vite et en étant odieux, ils pensent vous aider à fuir vos idées noires !

> **Un conseil :** si vous constatez que vous passez beaucoup de temps à gérer l'opposition de votre enfant, essayez d'utiliser ces heures autrement, par exemple en proposant des activités agréables.

Troisième étape
C'est le moment d'agir

L'opposition, vous le savez maintenant, est une méthode de communication indirecte qui permet d'obtenir des bénéfices immédiats (éviter une corvée, continuer à jouer) et à long terme (affirmer sa personnalité, son désir d'indépendance).

Toutefois, vous savez aussi qu'elle risque, si elle devient trop intense, d'entraîner la marginalisation de votre enfant et un dysfonctionnement de vos relations familiales. Et c'est ce que vous voulez éviter pardessus tout.

Dès lors, il faut agir et prendre les choses en main. Vous êtes désormais parvenu à la troisième et dernière étape de votre programme de changement.

Chapitre 14

Le changement est possible

Le principe d'action

Il faut amener votre opposant à changer d'attitude en lui faisant comprendre que les autres comportements auront les mêmes avantages mais n'entraîneront pas les mêmes conséquences (parfois dramatiques) pour lui et son environnement.

Ce changement est possible.

Vous le réalisez d'ailleurs tous les jours, sans forcément en être conscient. Par exemple, vous avez bien montré qu'en prêtant ses jouets, votre enfant se faisait de nouveaux amis et recevait en retour de nouveaux jouets. Il a dû, pour y arriver, accepter de renoncer à un plaisir immédiat au profit d'un autre à plus long terme.

De même, en lui apprenant à faire de la bicyclette, vous lui avez enseigné que la patience, le courage et la persévérance sont la base de la réussite personnelle avec ses avantages : la fierté personnelle, familiale et sociale.

Autrement dit, vous obtenez au quotidien des changements qui auront un effet à long terme sur la personnalité et le devenir de votre progéniture.

> Concernant l'opposition, le principe est le même : amener l'enfant à abandonner les bénéfices *immédiats* de son attitude au profit d'avantages personnels à plus long terme.

Les obstacles à éviter

Vous en faites une affaire personnelle

Vous ne tolérez aucune remise en cause de vos principes, vous n'acceptez pas le dialogue, vous entrez dans le conflit en permanence.

Attention ! Ou ça passe, et votre enfant deviendra un adulte qui cédera à la moindre pression, ou ça casse, et vous risquez de voir se dégrader les relations avec votre progéniture.

> Éduquer, ce n'est pas imposer ses principes et sa façon de voir, mais donner des stratégies efficaces pour faire face aux difficultés. C'est apprendre à un enfant à s'adapter en toutes circonstances.

Vous cédez au fantasme de l'enfant parfait

Avoir un enfant modèle qui dit OUI à tout ? Ça s'achète au magasin de jouets et ça s'appelle une poupée !

Vous cédez à la pression de votre entourage

Méfiez-vous des « il faut que », « il n'y a qu'à », « moi, de mon temps » et, au pire, du « avec moi, ça se passe *très* bien ».

Les autres parents ont les mêmes difficultés et se sentent, à un moment ou à un autre, aussi démunis que vous. Seulement, comme il n'est pas de bon ton de le faire savoir, certains préféreront vous faire croire qu'ils n'ont pas de problèmes.

N'hésitez pas, en revanche, à discuter avec tous ceux qui veulent bien en parler. Ils ont essayé des méthodes et si certaines se sont avérées efficaces, pourquoi ne pas en profiter ?

Vous croyez que tous les parents sont coupables

La société véhicule un certain nombre de clichés dans lesquels les parents n'ont pas le beau rôle.

Un grand classique est : « Si un enfant a un problème, il n'y a qu'à regarder ses parents et vous comprendrez ! » Apprenez à ne pas en dépendre et soyez confiant dans vos capacités d'éducateur.

De la même manière, si vous décidez de voir un psychothérapeute, ne vous laissez pas démonter par les regards incrédules, les sous-entendus ou les petites phrases horrifiées (« Un psy ? Mais il va t'angoisser encore plus ! Ils sont tous fous ! Ton enfant n'a pas de problèmes, il n'y a qu'à… »).

Vous doutez de vous

Ne vous remettez pas en cause. N'allez jamais imaginer que votre enfant vous déteste. Vos sentiments négatifs, s'ils existent, vous empêcheront d'agir objectivement et ne feront qu'aggraver la situation.

Rappelez-vous notre charte !

Vous n'êtes pas d'accord avec votre conjoint

Lorsque vous déciderez de mettre en pratique des méthodes de changement, il faudra le faire d'un commun accord.

Vous éviterez ainsi d'être manipulé par votre opposant qui, comme tous les enfants, essayera d'obtenir de papa ce qu'il n'a pas réussi à obtenir de maman (ou inversement). Ce genre de situation est classique et aboutit inévitablement à des disputes entre parents.

Or vous aurez quelques difficultés dans l'application des consignes de changement. Si vous êtes deux à les analyser et à les appliquer, il vous sera plus aisé d'aider votre enfant.

Chapitre 15

La théorie du changement

Vous ne pouvez pas changer toute la personnalité de votre enfant. En revanche, vous pouvez modifier les comportements-problèmes, en les évaluant et en les traitant un par un.

L'opposition étant essentiellement un comportement appris, il est possible de le désapprendre.

Et c'est là que vous intervenez, en enseignant les moyens qui permettent d'exprimer ses besoins de manière compréhensible et acceptable par l'environnement.

Ce qui s'apprend se désapprend

Attention, nous allons faire un peu de technique ! Mais n'ayez pas peur, vous allez voir que vous appliquez les théories de l'apprentissage sans vous en rendre compte. Nous allons simplement essayer de mieux vous en faire comprendre les mécanismes.

Installez-vous confortablement dans votre fauteuil, ajustez vos lunettes et comme M. Jourdain vous le dirait : « Oh ! Comme en termes savants, ces choses-là sont bien dites ! »

Comment apprend-on un comportement ?

➤ Le comportement

Le comportement est la réponse observable (toutes les personnes observant la même situation feraient la même conclusion que vous ; par exemple, un lit est fait ou non) et mesurable (il existe un système de mesure : temps, nombre, etc.) d'un individu.

Dans les travaux issus de la psychologie de l'apprentissage, le comportement est considéré comme le résultat d'un processus d'apprentissage. Il se construit au cours d'une succession d'interactions entre l'individu et son environnement selon le schéma suivant :

Stimulus	⟶	**Réponse**	⟶	**Conséquence sur l'environnement**
(antécédent)		(comportement)		(réaction de l'entourage)

➤ Le stimulus

Le stimulus est la situation immédiatement antérieure à l'émission de la réponse (du comportement).

Dans le cadre d'une réponse = opposition, les stimuli seront les demandes ou les actions que vous aurez faites *juste avant* l'apparition du comportement opposant. Ils seront les déclencheurs de l'attitude inadéquate. Il faut donc les repérer afin de connaître les provocateurs de l'opposition.

Rappelez-vous, dans l'analyse fonctionnelle que nous vous avons demandé de faire, nous avions souligné l'intérêt de connaître les stimuli déclencheurs de l'opposition.

➤ Les conséquences

Les conséquences sont les événements qui suivent immédiatement l'émission du comportement (de la réponse). Elles vont influer sur l'émission ultérieure du même comportement.

À chaque situation nouvelle, l'enfant va expérimenter une réponse (un comportement) et observer les conséquences de son action. Si elle est positive, c'est-à-dire si elle permet l'obtention d'un bénéfice, notre expérimentateur répétera son comportement. Faisons un schéma :

Stimulus →	**Réponse** →	**Conséquence**
J'ai fait un pas →	J'en fais un autre →	J'ai un gros câlin
Interrogation →	Je travaille →	J'ai une bonne note
Je suis amoureux →	Je l'invite →	Nous sortons ensemble

Chaque fois qu'un enfant émet une réponse (geste ou mot), même involontaire, il va observer la réaction de son entourage.

Imaginons qu'il fasse son premier pas. En vous regardant, il verra votre plaisir, entendra vos encouragements et décidera d'en faire un autre. On dit alors que le comportement est devenu opérant[36], car d'involontaire, l'action est répétée volontairement et agit sur l'environnement.

> Soutenu par son entourage, l'enfant prend peu à peu confiance dans ses capacités physiques

et intellectuelles. Il y a apprentissage, dans la mesure où, à l'avenir, il utilisera les mêmes réponses afin d'obtenir les mêmes bénéfices.

Une conséquence est dite positive lorsqu'elle entraîne la réutilisation de la réponse. Observant que son comportement modifie son environnement à son avantage, l'enfant décide de l'utiliser à nouveau. Au même stimulus, il fait la même réponse, espérant obtenir les mêmes conséquences positives. On parle alors de processus de renforcement : la réponse est renforcée par les conséquences positives qu'elle entraîne.

Les renforcements positifs : l'émission du comportement est suivie d'un bénéfice agréable.

Renforcement positif

Stimulus → **Réponse** → **Conséquence positive**
Maman me tend les bras → Je fais un pas → J'ai un gros câlin

Les renforcements négatifs : l'émission du comportement est suivie du retrait d'un inconvénient.

Renforcement négatif

Stimulus → **Réponse** → **Conséquence positive**
Je dois mettre la table → Refus et colère → Mon frère le fait à ma place

Dans ce cas, notre jeune apprenti a observé que sa colère lui a permis d'éviter de mettre la table. Aussi, à la prochaine occasion, il est fort probable que vous aurez à affronter une nouvelle crise, visant à éviter le même inconvénient, celui d'appliquer une consigne désagréable comme mettre la table.

Une conséquence est dite négative, lorsque la réponse est suivie de conséquences désagréables. Il peut s'agir d'un stimulus aversif (punition ou fessée) ou du retrait d'un bénéfice attendu.

Stimulus →	**Réponse** →	**Conséquence négative**
Devoir à faire →	Refus pour pouvoir jouer →	Mauvaise note, punition
Devoir à faire →	Refus pour pouvoir jouer →	« Colle »

> On pourrait penser que la conséquence négative entraîne la disparition du comportement inadéquat. Les études et la pratique ont montré qu'il n'en était rien. Vous l'avez d'ailleurs vous-même remarqué, une fessée ou une punition stoppe en urgence une situation, elle n'empêche pas votre enfant de répéter, rapidement, le comportement qui vous avait tant énervé.

Une conséquence est dite neutre si, à la suite d'une réponse, il ne se passe rien dans l'environnement.

Stimulus →	**Réponse** →	**Conséquence neutre**
Je veux un bonbon →	Je fais une colère →	Pas de réaction

> Quand aucune conséquence positive ou négative n'est obtenue par l'action, on assiste alors progressivement à la diminution puis à

l'*extinction* du comportement puisque celui-ci ne produit aucun effet sur l'entourage.

Comment désapprendre un comportement ?

Nous allons maintenant voir plus en détail comment utiliser les principes de base de la théorie de l'apprentissage pour modifier le comportement oppositionnel.

Le but est de faire disparaître la réponse = opposition, en n'y apportant aucune conséquence (conséquence neutre). On assistera alors à la disparition progressive du comportement puisqu'il ne sera pas renforcé. Mais, afin de le faire disparaître plus rapidement, nous allons parallèlement renforcer le comportement souhaité par des conséquences positives. Le schéma sera celui-ci :

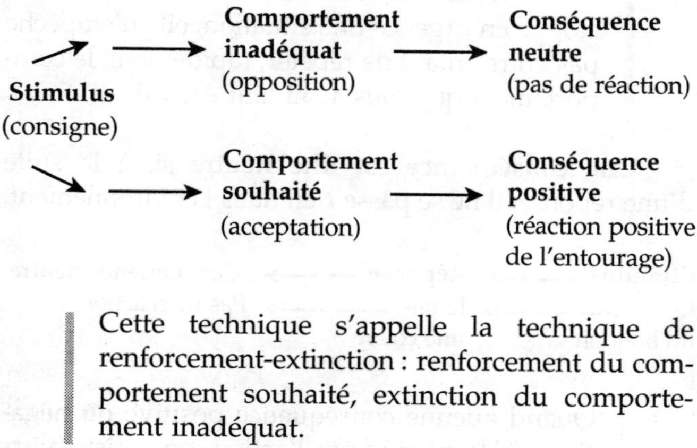

Cette technique s'appelle la technique de renforcement-extinction : renforcement du comportement souhaité, extinction du comportement inadéquat.

Avant la mise en pratique

Précisez vos objectifs

Vous n'allez pas du premier coup traiter toutes les facettes de l'opposition mais chacune de ses manifestations, situation par situation, comportement par comportement.

Il vous faudra, pour cela, utiliser les observations que nous avons décrites antérieurement et que vous aurez notées sur un cahier.

Celles-ci vous fourniront les informations nécessaires à l'analyse fonctionnelle. Vous pourrez alors identifier les événements de l'environnement (stimuli antécédents et stimuli conséquents) dont la mise en place est susceptible de conduire aux changements souhaités et aux objectifs fixés.

> Le but de votre action est d'éteindre le comportement opposant, d'apprendre à l'enfant de nouvelles réponses et de les renforcer positivement afin qu'elles se maintiennent sur le long terme.

Supprimez les renforçateurs

Pour faire disparaître (éteindre) le comportement indésirable (l'opposition), il faudra que son expression soit suivie d'une conséquence neutre, c'est-à-dire qu'il ne se passe rien dans l'environnement juste après l'émission du comportement-problème.

En pratique, cela veut dire que vous ne répondrez pas à la provocation, vous ne réagirez pas, vous ressemblerez à un mur. En supprimant de cette manière tous les renforçateurs, vous obtiendrez la diminution progressive, puis l'extinction du comportement oppositionnel.

Reprenons le cas de Jenny qui se faisait vomir, obligeant sa mère à tout nettoyer et à se coucher avec elle.

Pour éteindre ce comportement, il a fallu aux parents beaucoup d'abnégation et de solidarité. Nous avons décidé que, quoi que fasse Jenny, ils ne se mettraient pas en colère et ne retourneraient pas dans sa chambre après l'avoir couchée. Toutes les mesures de sécurité avaient été prises et tous les meubles recouverts de plastique, afin d'être facilement nettoyés. Une fois la fillette endormie, la mère allait nettoyer sans la réveiller. L'enfant n'avait donc plus de renforcement et son comportement de vomissement a disparu progressivement.

Faites preuve de patience

➤ Il n'est pas évident de connaître tous les renforçateurs d'une situation

Les enfants trouvent parfois des bénéfices inattendus.

Vous venez de passer une demi-heure à vous fâcher parce que votre fils ne voulait pas se coucher ? Et vous vous dites qu'il aura sûrement détesté ça autant que vous ? Eh bien, pas forcément ! En fait, il a gagné une demi-heure avant d'aller au lit. Et si vous avez un autre enfant, il a même obtenu que vous vous occupiez plus de lui que du cadet.

> Il vaut mieux, dans la mesure du possible, éviter d'employer des méthodes coercitives. Elles n'ont pas toujours l'efficacité escomptée et entretiennent le conflit. Si toutefois il vous est impossible de rester neutre face à une situation, nous vous proposons de lire « Que faire en cas d'urgence ? »

➤ La diminution du comportement est progressive

L'effet n'est pas immédiat. Au début de l'application de la méthode, il y a même augmentation de la réponse. Votre enfant va tester vos limites. Puisque vous ne cédez plus à *une* colère, il va en faire plusieurs. Si ça ne marche pas, il y ajoutera des bris d'objets ou autre. Son but est de vous faire « craquer » à nouveau.

Préparez-vous donc à cette aggravation et soyez stoïque !

> Si vous restez impassible, quoi qu'il arrive, soyez sûr que vous verrez disparaître *définitivement* le comportement. En revanche, si vous cédez, vous le renforcerez et il se produira une nouvelle escalade : votre enfant aura appris une nouvelle attitude pour vous faire réagir.

➤ La procédure d'extinction n'apprend pas à l'enfant comment il doit se comporter

Cette méthode supprime le problème sans proposer de solution pour le résoudre. Aussi pour une meilleure efficacité et une plus grande rapidité, cette technique doit-elle être couplée avec l'apprentissage d'un comportement plus avantageux pour l'enfant.

Reprenons l'histoire de Jenny.

À chaque fois qu'elle n'avait pas vomi, Jenny était félicitée par ses parents et recevait un petit cadeau. Quand elle vomissait, en revanche, il ne se passait rien : pas de drame, pas de cadeau. Qu'auriez-vous choisi de faire à sa place ?

Mais il n'est pas nécessaire de donner un cadeau pour une attitude normale, me direz-vous !

Pourtant, vous appliquez déjà cette méthode car elle est efficace. Rappelez-vous lorsque votre enfant a commencé à utiliser le pot. À chaque fois qu'il faisait à côté, vous nettoyiez sans rien dire (conséquence neutre). Dès qu'il faisait dedans, vous applaudissiez, vous le félicitiez et même vous le récompensiez (conséquence positive).

Aujourd'hui que votre enfant a six ans, êtes-vous obligé de continuer à le récompenser à chaque fois qu'il va aux toilettes ? Non, car il a *appris* un comportement social adapté.

Chapitre 16

Encouragez et critiquez votre enfant

Le pouvoir des mots

Usez et abusez des compliments

Lorsque nous avons parlé de psychologie de l'apprentissage, nous avons vu l'importance des renforcements positifs : un enfant choisit un mode de réponse et en observe les conséquences sur son entourage ; si elles sont positives, il aura tendance à réitérer son comportement.

Ce sont surtout les renforçateurs sociaux (valorisations, compliments), qui ont la plus grande efficacité pour le maintien à long terme du comportement désiré.

> Un grand nombre d'études l'ont montré, ce n'est pas l'obtention d'une récompense qui

importe le plus pour l'apprentissage, mais les commentaires positifs que vous faites sur les progrès.

À quoi servent les compliments ?

Il est indispensable que vous utilisiez le plus souvent possible ces renforçateurs sociaux que nous appelons compliments. Leurs avantages sont nombreux. Voici les principaux.

➤ Vous satisfaites un besoin commun aux petits et aux grands

Tout le monde aime les compliments.

En manifestant de manière audible la satisfaction et la joie que vous éprouvez, vous valorisez votre enfant et vous le rassurez sur ses compétences. Vous pensez souvent qu'il sait que vous êtes content mais, en terme de communication, il est important qu'il l'entende.

➤ Vous montrez que vous êtes capable de voir les efforts et les progrès de votre enfant

Vous l'encouragez ainsi à poursuivre (conséquence positive).

➤ Vous faites plaisir et vous améliorez vos relations

Plus vous parlerez avec votre enfant de ce qu'il fait de bien et meilleurs seront vos rapports.

➤ Vous indiquez clairement et de façon positive ce qui vous est agréable

Il est beaucoup plus efficace de féliciter votre fils (votre fille) parce qu'il (elle) a mis la table que de le (la) disputer parce qu'il (elle) ne l'a pas fait.

➤ Vous aidez votre enfant à mieux vous connaître

Plus vous parlez de vos désirs, plus vous exprimez vos sentiments, et plus il est facile pour votre interlocuteur de savoir à qui il a affaire et d'agir pour vous satisfaire.

➤ Vous encouragez la communication

Nous avons assez insisté sur le fait que l'opposition est, avant tout, un trouble de la communication.

L'opposant parle, mais de façon paradoxale et souvent incompréhensible pour l'entourage qui se sent rejeté ou entre dans des conflits qui ne résolvent pas les problèmes.

Lorsque vous vous exprimez, vous montrez à votre enfant que l'utilisation du langage est plus efficace que l'opposition pour améliorer les échanges entre les personnes.

➤ Vous avez moins de critiques à faire

Si vous dites régulièrement ce qui vous plaît, vous laissez ainsi sous-entendre que le contraire ne vous plaît pas.

Cela revient donc à exprimer de manière positive une critique, qui, de ce fait, sera mieux acceptée et respectée.

En valorisant votre enfant quand il a rangé sa chambre plutôt qu'en vous fâchant parce qu'il ne l'a pas fait, vous appliquez les consignes de la procédure de renforcement-extinction. Vous prêtez attention au comportement adéquat (conséquence positive) et passez sous silence le comportement inadapté (conséquence neutre).

➤ Vos critiques sont plus crédibles et mieux acceptées

Imaginez que vous ne fassiez aucun commentaire quand votre enfant range sa chambre, sous prétexte que « c'est normal », et que vous vous fâchiez le jour où elle n'est pas rangée. Vous ne pourrez pas empêcher votre progéniture de penser que vous êtes injuste et que vous ne faites attention qu'à ce qu'il fait de mal.

> Comme vous le voyez, faire des compliments, c'est comme le loto : ça ne coûte pas cher et ça peut rapporter gros.
> Oubliez les idées reçues et n'allez pas croire qu'on se fait marcher sur les pieds parce qu'on est trop gentil !

Quelques conseils

➤ Employez le plus souvent le je/me quand vous parlez

Vous montrez ainsi que vous vous impliquez dans ce que vous dites ; qu'il ne s'agit pas d'une formule toute faite.

➤ Ajoutez un sentiment

Exprimez tout haut ce que vous ressentez. Vous manifestez ainsi votre plaisir et augmentez votre implication. Essayez de modifier les formules trop neutres et mesurez le nouvel impact de vos phrases.

« C'est bien. » ⟶ « Je suis content. »
« Tu as bien fait tes devoirs. » ⟶ « Je suis fier de ton travail. »
« Ta chambre est bien rangée. » ⟶ « Ça me fait très plaisir que tu ranges ta chambre. »

Ne croyez pas que ces formules soient galvaudées, elles sont au contraire trop peu utilisées. Pourtant, elles sont très efficaces en terme de communication : celui qui les entend est sûr que vous pensez réellement ce que vous dites.

➤ Soyez toujours sincère

Il ne s'agit pas de flatter vos enfants pour les manipuler afin d'obtenir ce que vous voulez. Beaucoup de politiciens le font et cela s'appelle de la démagogie ! Au bout du compte, personne n'est dupe et le fait de se rendre compte qu'on a été manipulé provoque le rejet.

Aussi, ne dites que les choses que vous ressentez vraiment, au moment où vous les sentez et comme vous les sentez. C'est ainsi que vous serez crédible et que vous améliorerez vos relations interpersonnelles.

Cette règle vaut d'ailleurs non seulement pour les enfants mais pour les adultes.

M. B., agent commercial, est venu en consultation car il trouvait qu'il n'arrivait pas à dire vraiment ce qu'il ressentait.
Cela le gênait dans son travail. Il n'osait jamais faire de critiques de peur de se « faire mal voir », et comme il ne faisait pas non plus de compliments, il avait l'impression que les gens ne le connaissaient pas et n'aimaient pas lui parler.
Avant d'apprendre à faire des critiques, nous avons travaillé l'art et la manière de faire des compliments. Un certain nombre d'exercices ont été proposés. M. B. a dû d'abord dire au marchand de brownies, chez qui il allait tous les matins, combien il les appréciait. Ensuite, il a fait la liste de tout ce qu'il estimait dans le travail de sa secrétaire, et il le lui a dit.
Dès lors, M. B. s'est mis à discuter tous les matins avec le marchand de brownies, lequel a entrepris systématiquement de lui offrir deux gâteaux pour le prix d'un. Sa secrétaire a commencé à venir le voir plus souvent pour lui demander ce qu'il attendait exactement d'elle lorsqu'il lui donnait un travail. Leurs rapports sont devenus agréables et M. B. n'a plus eu besoin de lui faire de critiques – puisqu'il avait réussi à montrer ses besoins de manière positive !
Le seul ennui dans cette histoire, c'est que tout le monde s'est mis à venir lui offrir des brownies pour lui faire plaisir et M. B. a commencé à grossir…

EN RÉSUMÉ

1. Soyez sincère dans vos compliments et prenez l'habitude d'en faire.
2. Apprenez à utiliser la formule JE/ME-SENTIMENT-SINCÉRITÉ.
3. N'oubliez jamais de valoriser chacun des progrès de votre enfant.

Comment formuler vos critiques

Quand les compliments ne suffiront plus ou qu'ils n'auront pas de raison d'être, il vous faudra faire des critiques.

Là encore, nous voudrions par ce livre vous permettre d'être efficace sur le plan de la communication afin d'atteindre le but que vous vous êtes fixé : faire changer votre enfant de comportement.

À quoi servent les critiques ?

1. Une critique bien faite doit avoir pour but l'amélioration de la relation entre le parent et l'enfant à qui elle s'adresse.

2. Elle doit permettre un changement et/ou l'expression d'un malaise qui demande à être réglé.

3. Elle doit pouvoir être entendue, comprise et acceptée sans entraîner de rupture ou de dispute.

4. La personne critiquée doit savoir exactement ce qu'elle doit faire pour remédier à la situation.

Si vous arrivez à respecter ces quatre objectifs, vous éviterez que votre enfant prenne vos critiques pour un jugement de valeur, de surcroît négatif. Cette impression entraînerait soit une aggravation de l'opposition, soit un sentiment de persécution.

Application pratique

Prenons un exemple.

Vous avez laissé votre fils sortir mais en lui demandant de revenir à une heure précise. Et voilà qu'il arrive en retard !

Il vous faut maintenant formuler une critique dont l'objectif est double : vous permettre d'exprimer votre mécontentement et vous aider à obtenir que votre enfant respecte à l'avenir sa promesse de rentrer à l'heure prévue.

Fort des quatre objectifs que nous avons définis plus haut, vous devez énoncer une formule claire et compréhensible qui permette de modifier la situation dans le sens qui vous convient :

« Je suis déçu, tu m'avais promis de rentrer à l'heure ! » OU

« Je suis en colère, tu n'as pas respecté notre contrat ! » OU

« J'en ai assez, ça fait la deuxième fois que tu ne respectes pas ta promesse ! » OU

« Je suis inquiet(e) quand tu es en retard. Je ne sais plus si je dois te croire. »

En formulant votre mécontentement de cette manière, vous parviendrez plus efficacement au résultat que vous visez.

— Vous aurez exprimé vos émotions. L'intensité de votre réaction variera, bien sûr, en fonction de la violence des sentiments que vous éprouvez. Toutefois, si vous prenez l'habitude de formuler immédiatement votre mécontentement, votre véhémence sera toujours en accord avec la gravité de la situation. C'est là un élément très important. Une réaction trop violente par rapport à l'événement indésirable risque de vous faire passer pour une « soupe au lait » et de vous faire perdre toute crédibilité.

> De même que nous vous conseillons de toujours manifester votre satisfaction, nous voudrions vous proposer de toujours exprimer votre malaise. De cette façon, vous n'accumulerez pas (trop) d'agressivité ou de rancune et vous saurez, à bonne dose, exprimer votre ressentiment.

— Vous aurez parlé en votre nom, sans accuser personne, mais en laissant clairement entendre ce que vous éprouvez. Votre enfant aura ainsi moins de raison de s'opposer puisque aucun jugement de valeur n'a été porté sur sa personne ou sur ses actes.

— Vous aurez parfaitement défini l'objet de votre mécontentement sans remettre en cause la personnalité de votre enfant. Celui-ci saura ainsi ce qui vous a déplu et, surtout, comment y remédier.

— Vous n'aurez critiqué qu'un seul comportement. Votre enfant se sentira alors en mesure de le modifier. Ne profitez jamais d'une erreur ou d'un accès de colère pour asséner tous les griefs que vous avez accumulés depuis des mois. Votre enfant se sentirait submergé par vos demandes et n'en réaliserait aucune.

Une fois la critique faite, trois cas de figure peuvent se présenter :

1. Votre enfant accepte de changer par amour et respect pour vous. Il sera alors crucial, lors de ses prochains retours à l'heure dite, de manifester votre contentement. Vous obtiendrez ainsi que le changement se maintienne à long terme et votre relation parent-enfant s'en trouvera améliorée.

2. Votre enfant vous présente ses excuses, reconnaît la justesse de votre sentiment mais ne change pas d'attitude. Vous pouvez alors décider de ne pas insister pour des raisons qui vous sont propres – il n'a que cinq minutes de retard, il est ponctuel en d'autres circonstances, etc.

Si vous décidez de vous conduire de cette façon, dites-le-lui clairement (« Je n'apprécie toujours pas ton retard mais je l'accepte car… »). Votre enfant s'apercevra ainsi que vous n'êtes pas dupe et qu'il ne peut pas vous manipuler comme il l'entend. Et n'oubliez pas de répéter votre critique à chaque fois que la situation se reproduit. Peut-être qu'à la longue, vous serez exaucé.

3. Votre enfant ne tient presque pas compte de votre critique.

Vous pouvez alors créer une consigne : « ne pourra sortir une prochaine fois que si le retour prévu a été respecté » ou bien employer une « punition » selon les modalités étudiées pour les situations d'urgence. (Voir chapitre p. 240)

Les pièges à éviter

Trois types de critiques sont largement répandus alors même qu'elles ont un effet contraire aux objectifs cités plus haut. Nous vous les présentons tout de même pour bien vous faire comprendre leur inefficacité.

➤ Les critiques personnalisées

Les critiques personnalisées mettent l'accent sur un élément du caractère de la personne : « tu es un fainéant » ; « tu es un idiot » ; « tu te fous de moi », etc. Ce genre de critiques est généralement très mal perçu car votre interlocuteur y voit un jugement de votre part.

Je ne connais personne capable d'entendre ces propos sans avoir immédiatement envie d'y répondre par l'agressivité. *A fortiori,* quand il s'agit d'un enfant opposant.

Les plus petits n'oseront rien répondre, mais ils continueront à faire ce qui vous avait énervé, ne serait-ce que pour se venger de ce que vous avez dit. Les adolescents, eux, réagiront immédiatement par des critiques personnalisées à votre endroit et, dans la violence verbale, ils ont une imagination plus fertile que la vôtre !

Reprenons notre exemple. Votre enfant n'est donc pas rentré à l'heure dite. Imaginez que vous utilisez une critique personnalisée telle que : « Je savais bien qu'on ne pouvait pas compter sur toi ! »

— **En termes de communication**, votre message est incompréhensible, puisque vous espérez un changement mais que vous affirmez dans le même temps que votre enfant n'est pas capable de le réaliser.

— **Sur le plan des rapports personnels,** vous émettez un jugement définitif fondé sur un fait ponctuel. Certes, votre enfant n'a pas respecté son contrat, mais vous êtes en train de lui dire que vous le considérez comme totalement incapable de respecter *tous* ses engagements.

Dès lors, votre retardataire ne peut que vous en vouloir et agir en conséquence. Comme les opposants fonctionnent beaucoup sur le mode du tout ou rien, il décidera soit d'arriver systématiquement en retard, puisque de toute façon vous pensez qu'il ne peut jamais être à l'heure, soit de ne plus respecter ses promesses puisque vous le tenez pour incapable de le faire.

> Certains parents pensent que les critiques personnalisées réveillent l'orgueil de leur enfant, lequel va vouloir prouver sa force de caractère en prenant leur remarque à contre-pied. Avec un opposant, ils risquent plutôt de voir le taux de rébellion sérieusement augmenter…

➤ Les critiques généralisées

Les critiques généralisées insistent sur le caractère irrémédiable d'une situation donnée : « tu ne ranges jamais ta chambre » ; « il faut te répéter sans cesse les choses » ; « tu regardes tout le temps la télé », etc.

Leur usage est parfaitement inadéquat puisqu'elles vous amènent à dire que le changement que vous souhaitez obtenir n'aura jamais lieu.

En outre, votre opposant va à coup sûr vouloir vous prouver que vous avez tort. Il trouvera forcément le jour miraculeux où il a bel et bien rangé sa chambre ou la soirée en famille où il n'a pas regardé la télévision.

La discussion sera longue, il vous faudra compter le nombre de fois où la chambre a été rangée, réfléchir précisément au temps passé devant la télévision...

Vos objectifs tomberont aux oubliettes, vous n'aurez rien résolu et votre opposant sera très fier de vous avoir pris dans vos propres contradictions.

➤ Les formules mixtes

Si vous mélangez les critiques personnalisées et les critiques généralisées, vous atteignez des sommets dans l'inacceptable et l'inefficace : « tu te moques tout le temps de moi » ; « tu es un fainéant, tu ne fais jamais tes devoirs » ; « tu ne comprends rien », etc.

Inutile d'insister, vous l'aurez compris, vous cumulez tous les handicaps.

EN RÉSUMÉ

Pour être efficace dans vos critiques, vous devez respecter trois conditions :

1. Utiliser la méthode du « je/me, sentiment, sincérité ».
2. Ne commenter que la situation ou le comportement qui vous a déplu.
3. Ne pas tout mélanger et faire plusieurs critiques en même temps.

Chapitre 17

Valorisez et stimulez votre enfant

Le jeu des points bleus

Maintenant que vous avez compris la théorie, nous allons passer à la pratique. Vous allez essayer d'éteindre l'opposition jour après jour et encourager les comportements bénéfiques pour l'enfant et son environnement.

Il va falloir lui faire comprendre l'intérêt de vos demandes et l'aider à mettre en place des stratégies pour y arriver. Comme un enfant, surtout opposant, a du mal à accepter ou à mettre en place des consignes, il est judicieux de l'aider par un système qui le motive.

Vous allez proposer à votre enfant le « jeu des points bleus[37] ».

Il s'agit de récompenser par des points (jetons ou gommettes) de couleur bleue, une série d'activités quotidiennes ou de comportements souhaités. Ces points seront ensuite échangés contre des cadeaux que votre enfant désire ardemment.

À vos papiers, à vos crayons !

Vous allez fabriquer, avec l'enfant, un tableau semainier où figurent une série de consignes qui doivent être réalisées. Pour cela, vous allez utiliser les observations que vous avez déjà faites (cf. chapitre 7) et choisir parmi les situations d'opposition les six ou sept que vous souhaitez voir disparaître au profit de nouveaux comportements.

Nous vous conseillons de commencer par les comportements opposants dont l'intensité est inférieure à 50 %, qui apparaissent le moins fréquemment et, surtout, qui déclenchent le moins de colère ou d'angoisse chez vous.

> En vous attaquant d'emblée aux situations les plus difficiles, sans vous être familiarisé avec la méthode ou en étant trop inquiet, vous prenez le risque d'échouer et d'abandonner. En partant de situations moins chargées émotionnellement, vous redouterez moins l'échec et les résultats positifs vous rendront plus confiant pour les prochaines étapes.

Voici un exemple de tableau.

	L	M	M	J	V	S	D
Faire son lit							
Se mettre à ses devoirs de 17 à 18 heures							

	L	M	M	J	V	S	D
Faire répéter les demandes trois fois maximum							
Préparer son cartable le soir							
Se laver les dents							
Téléphoner moins de dix minutes							
Divers							
Total							

Pour confectionner votre propre tableau, vous pouvez aussi vous inspirer de l'exemple de Marine qui est reproduit p. 251.

Si votre enfant n'est pas en âge de lire, vous pouvez dessiner ou coller des images correspondant au comportement que vous souhaitez valoriser. Vous trouverez un peu plus loin (p. 252) les tableaux faits par la maman de Nicolas, le garçon de cinq ans qui gardait les aliments dans la bouche pour ensuite aller les recracher.

Bleu ou rouge ?

➤ Lorsque votre enfant applique la consigne

Mettez un point bleu (ou collez une gommette, ou donnez un jeton bleu) *en faisant des commentaires positifs* (conséquence positive). N'hésitez pas à manifester votre plaisir.

➤ **Lorsque le comportement n'est pas réalisé**

Mettez un point rouge *sans aucun commentaire* (conséquence neutre).

➤ **La rubrique « Divers »**

Vous pouvez y rajouter des points bleus lorsque votre enfant fait quelque chose d'inhabituel et qui vous fait plaisir : bonne note en classe, service rendu spontanément, sans demande préalable, etc. Cette rubrique a aussi d'autres utilisations, nous les verrons plus loin.

Les bilans de fin de semaine

Votre enfant peut alors, selon la somme obtenue, les échanger en choisissant sur un catalogue des objectifs (ou récompenses) qu'il désire avoir.

Ne comptez et ne valorisez que les points bleus. En aucun cas vous ne devez parler des points rouges.

Les enfants comprennent très vite que pour avoir un maximum de points bleus, il leur faut un minimum de points rouges. De plus, donner de la valeur aux points rouges, et, donc, au comportement oppositionnel, risque de le renforcer au lieu de l'éteindre.

En vue de l'échange des points, vous aurez au préalable préparé avec votre enfant un tableau d'objectifs à atteindre (renforçateurs positifs).

LES TROIS TYPES DE RENFORÇATEURS

1. Les renforçateurs « consommables » : friandises, cadeaux, etc.
2. Les activités : aller au cinéma, au parc de loisirs, regarder la télévision, jouer sur l'ordinateur, etc.
3. Les renforçateurs sociaux : félicitations, sourires, baisers, etc.

Attention : les renforçateurs sociaux, c'est-à-dire les différentes formes de satisfaction que vous manifesterez à chaque fois que vous mettrez un point bleu, sont les plus importants et les plus *efficaces* à long terme. Les récompenses matérielles agissent dans l'immédiat, mais c'est votre plaisir exprimé qui aide au prolongement et au maintien des efforts.

L'heure des récompenses

Plusieurs systèmes peuvent être envisagés selon les motivations de l'enfant. Attention **TOUS** les désirs de l'enfant doivent être mis dans le tableau.

➤ La liste de cadeaux

À chaque fois que votre enfant vous demande quelque chose, ne refusez plus, ajoutez la nouvelle demande à la liste des récompenses et donnez sa valeur en points bleus.

Vous déterminerez le nombre de points nécessaires à son obtention. Bien sûr, plus l'objet est cher, plus il faudra de points pour l'acquérir : vous ferez ainsi comprendre, sans avoir besoin de parler d'argent, la valeur des choses.

Une BD = 10 points
Un paquet d'images autocollantes = 20 points
Un « pollypocket » = 30 points
Une poupée = … points
Un nouveau jeu sur ordinateur = … points

Il est très important d'inclure dans la liste des cadeaux à « prix » différents :

— les petits prix : la récompense est atteignable en une semaine ;

— les prix moyens : la récompense est atteignable en deux ou trois semaines d'économie ;

— les gros prix : le cadeau nécessite une économie de plusieurs semaines (voir exemple de liste, p. 229).

Votre enfant aura ainsi la possibilité soit d'échanger immédiatement ses points, soit de les « économiser » afin d'avoir un plus gros cadeau. Cette économie de points a deux avantages : elle permet à votre enfant de mettre en place des stratégies à long terme et de maintenir ses efforts !

En pratique, si vous y réfléchissez bien, vous appliquez déjà cette méthode : lorsque, inopinément votre enfant vous demande une faveur ou un cadeau, vous vous demandez s'il le mérite. Vous faites un compte approximatif des actions, notes ou autres qui vous ont fait, ou non, plaisir. En fonction du résultat, vous accorderez ou non la récompense. Les points bleus vous permettent d'être plus objectif dans votre décompte.

> **Attention :** vous êtes absolument libre de refuser une demande, si elle est contraire à vos principes éducatifs mais vous devez, dans ce

cas, expliquer votre position. Vous pouvez aussi, si vous ne souhaitez pas vraiment accéder à une demande, proposer un prix très élevé…

➤ Les minutes gagnées

Si votre enfant adore,
un peu trop à votre goût, la télévision

Vous pouvez négocier la valeur du point bleu à une, cinq ou dix minutes d'émission.

Au moment de l'échange, l'enfant devra calculer son temps d'écoute télévisuelle. Vous regarderez avec lui le programme de télévision et il devra déterminer, si possible avec vos conseils, les émissions qu'il pourra regarder en fonction du nombre de points gagnés.

Ainsi, il apprendra à sélectionner ses programmes et à devenir plus critique. Il devra aussi faire des choix et ne plus regarder tout et n'importe quoi.

Si les jeux vidéo occupent
une trop grande place dans la vie de votre enfant

Faites de même et échangez les points contre une certaine durée d'utilisation.

Vous pouvez aussi donner une valeur de points selon le type de jeu vidéo (ou d'émission, d'ailleurs). Ceux qui ont votre assentiment vaudront nettement moins cher (en points bleus) que les autres.

➤ Les activités de loisirs

Beaucoup d'enfants aiment avoir leurs parents pour eux tout seuls.

Par ce système, vous montrez à votre enfant que son changement d'attitude et sa prise d'autonomie vous rendent plus disponible pour faire des activités avec lui.

Parc Astérix = … points Futuroscope =… points Inviter un copain (copine) = … points Faire une fête = … points Aller au zoo, visiter un aquarium = … points Faire une activité avec un ou les parents (lecture, jeu, cinéma) = … points

Vos droits et devoirs

➤ Vous devez trouver le système qui motivera le plus votre enfant

Pour cela, vous pouvez combiner ces différentes idées ou imaginer d'autres types d'échange.

Si vous avez l'impression que rien ne convient vraiment, et c'est souvent le cas avec les passifs-agressifs, vous trouverez en fin de chapitre (voir p. 253) un questionnaire destiné à vous faire connaître les désirs de votre enfant.

➤ Vous n'êtes pas tenu d'accepter toutes les demandes

Il s'agit d'une négociation où les désirs de chacun doivent être respectés.

Si vos principes vous inclinent à refuser l'achat d'une console de jeux ou d'une mobylette, ne cédez pas : expliquez votre position à votre enfant et proposez-lui un autre cadeau. Il est aussi nécessaire de lui faire comprendre qu'il faut respecter certaines règles et que tout ne peut être obtenu dans notre société.

Les parents qui acceptent de donner de l'argent de poche à leur enfant incluent souvent cet élément dans le tableau en attribuant une valeur pécuniaire au point. Les enfants modulent ainsi ce qu'ils vont gagner et l'argent n'est plus un dû mais un échange de bons procédés.

Là, encore, vous suivez certaines valeurs sociales : un salaire ne s'obtient qu'en échange d'un travail fourni…

➤ Dans tous les cas, ajoutez des renforçateurs sociaux

Lorsque vous mettez les points bleus, n'hésitez pas à montrer votre plaisir et à féliciter votre enfant. Même s'il ne vous parle que de ses cadeaux, c'est l'expression de vos sentiments positifs qui est le plus efficace.
Ce n'est pas la bonne ou la mauvaise note en classe qui a le plus d'effet sur un élève mais les commentaires que ses parents font sur ses résultats.

Exemple de catalogue d'objectifs

Petits prix (une semaine)	**Prix moyens (deux ou trois semaines)**	**Gros prix**
1 BD = 10 points	poupée = 100 points	maison de poupée = 400 points
images autocollantes = 20 points	voiture de collection = 80 points	voiture téléguidée = 500 points
tee-shirt normal = 50 points	place de cinéma = 100 points	tee-shirt de « marque » = 300 points

Petits prix (une semaine)	Prix moyens (deux ou trois semaines)	Gros prix
5 minutes télé = 5 points 5 minutes ordinateur = 5 points 50 cts = 1 point	parc de loisirs = 200 points	bicyclette = 500 points

Au fil des semaines : progrès et problèmes

Chaque semaine, un nouveau tableau sera négocié avec l'enfant.

Augmentez vos demandes en qualité et en quantité. Il vaut mieux faire les choses progressivement.

Ainsi, si vous voulez obtenir le rangement régulier de la chambre alors que votre opposant n'a jamais rien rangé, commencez la première semaine par lui demander de faire son lit puis, la semaine suivante, demandez-lui de faire son lit et de ranger son bureau.

	L	M	M	J	V	S	D
Faire son lit et plier ses affaires propres							
Se mettre à ses devoirs à 17 heures et les finir en une heure							
Faire répéter deux fois les demandes							

	L	M	M	J	V	S	D
Préparer son cartable et ses vêtements le soir							
Se laver les dents et prendre sa douche le soir							
Téléphoner moins de dix minutes et pas durant les devoirs							

Si vous remarquez qu'une rubrique a peu de points bleus, vous devez vous poser un certain nombre de questions.

➤ Ma consigne est-elle compréhensible ?

Évitez les formules trop vagues comme : « Doit travailler », « Doit ranger », « Doit être sage ».

À chaque fois, vous devez expliciter ce que vous attendez de votre enfant : les comportements mentionnés dans le tableau doivent tous être observables ou mesurables (le lit est fait ou pas fait ; les devoirs commencent ou ne commencent pas à 17 heures, etc.).

> En indiquant précisément à votre enfant ce que vous attendez de lui, vous éviterez les désaccords qui tiennent à l'appréciation très différente qu'ont les enfants et les adultes des mêmes termes.

➤ Ma consigne est-elle applicable par mon enfant ?

Vous devez toujours tenir compte de l'âge et du niveau de développement atteint lorsque vous choisissez une consigne.

Votre enfant peut très bien ne pas être à ses devoirs à 17 heures parce qu'il ne sait pas encore lire l'heure.

Adaptez vos demandes à ses compétences et à ses apprentissages.

➤ Ma consigne n'est-elle pas trop difficile ?

Votre enfant n'a jamais rangé quoi que ce soit, et vous lui demandez de ranger sa chambre tous les jours !

Procédez autrement, par étapes : d'abord le lit ; puis le lit et les vêtements ; puis le lit, les vêtements et les jouets, etc. S'il vous fait répéter dix fois les choses, commencez par « faire répéter dix fois maximum », puis diminuez progressivement.

➤ Qu'en pense mon enfant ?

Cherchez toujours avec votre enfant les raisons de l'échec.

Attention : ne lui demandez pas pourquoi il a beaucoup de points rouges, mais pourquoi il n'y a que peu de points bleus. C'est plus encourageant et vous lui montrerez ainsi que vous ne vous intéressez qu'à sa réussite (conséquence positive).

Questionnez-le sur les stratégies qu'il a tenté de mettre en place afin de réussir la consigne. Essayez de voir avec lui comment les améliorer et les rendre plus efficaces.

> Si vous arrivez à discuter ensemble des éventuels problèmes, alors vous avez réussi l'un des objectifs principaux que vous vous étiez fixé dès le départ : communiquer de nouveau avec votre enfant et comprendre les difficultés

> sous-jacentes qui sont à l'origine de son comportement oppositionnel.

Quelques règles pour bien jouer le jeu

➤ Les activités sportives ou les loisirs hebdomadaires ne doivent pas faire l'enjeu de négociations

Ils sont nécessaires car ils permettent à votre enfant de souffler un peu. Ils favorisent l'expression corporelle, souvent limitée durant le temps scolaire, ils améliorent la socialisation. Ils valorisent de nouvelles formes de comportements, ouvrent l'esprit, mettent souvent en application ce qui a été appris à l'école.

> Les enfants scolarisés ont besoin de ces temps d'expression libre qui, souvent, améliorent leurs capacités d'apprentissage.

➤ Ne refusez jamais de procéder à un échange sous prétexte que votre enfant a été odieux

Les points ont été gagnés grâce à l'application de consignes que vous aviez appréciées. Si vous les retirez parce que votre enfant a une attitude inadéquate, vous détruisez ses efforts antérieurs.

Si un comportement vous est insupportable ce jour-là, vous avez néanmoins la possibilité de mettre des points rouges dans la rubrique « Divers », ou bien, et c'est mieux, de faire figurer la bonne attitude en rubrique la semaine d'après.

➤ Les deux premières semaines, faites gagner votre enfant !

Inscrivez en rubrique des comportements qu'il sait déjà faire mais qu'il n'applique pas régulièrement. Ainsi vous l'encouragerez et lui montrerez que votre tableau n'est pas punitif mais qu'il évite les conflits et permet d'obtenir des récompenses.

Ces quinze jours doivent principalement vous permettre d'apprendre à bien utiliser le jeu des points et à négocier avec votre enfant.

➤ N'hésitez pas à faire jouer vos autres enfants s'ils le souhaitent

Souvent les frères et sœurs d'un opposant demandent eux aussi à jouer. Pourquoi pas ?

> Si les disputes fraternelles sont fréquentes, pensez à insérer la rubrique « … X disputes par jour maximum » dans chaque tableau. Vous verrez alors vos enfants se débrouiller entre eux pour éviter les conflits et obtenir des points bleus.

➤ N'offrez rien avant que le nombre requis de points ne soit réuni

Une fois le barème des objectifs négocié et accepté, vous ne devez plus céder. S'il manque quelques points pour atteindre la valeur d'un cadeau, attendez jusqu'à l'obtention du prix négocié. Votre tableau n'aura de valeur qu'à cette condition. Si votre enfant sait qu'il peut avoir ce qu'il veut en vous faisant craquer, il ne fera plus aucun effort.

> **Attention :** les cadeaux que vous auriez offerts de toute façon (cadeaux d'anniversaire, de Noël, etc.) ne doivent pas être inclus dans le tableau.

➤ Ne menacez jamais de mettre des points rouges

Le tableau a été négocié avec l'enfant. Il sait donc qu'une consigne non appliquée entraîne automatiquement un point rouge. L'en menacer serait faire suivre son comportement d'une conséquence négative qui n'aurait, nous l'avons expliqué, qu'une efficacité à court terme.

Si vous souhaitez la disparition définitive du comportement oppositionnel, il vous faudra rester neutre face aux provocations. Un opposant peut parfaitement décider de s'opposer aux consignes du tableau pour vous provoquer. S'il n'y parvient pas et qu'il obtient moins de récompenses qu'il ne l'avait espéré en fin de semaine, il arrivera tout seul à la conclusion que son opposition n'a été préjudiciable que pour lui-même.

Rappel : il s'agit d'une méthode élaborée par des professionnels, mais elle sera encore plus efficace si vous savez l'adapter à votre enfant, que vous connaissez mieux que personne, et à vos principes. Mélangez les « trucs » de professionnels et ce que vous dicte votre intuition personnelle. C'est ainsi que vous aurez les meilleurs résultats.

La parole est à vous

➤ « Il est normal qu'un enfant débarrasse la table, il n'est pas moral de le récompenser pour ça ! »

Nous n'avons pas à nous immiscer dans vos principes éducatifs ou moraux. Nous cherchons simplement à vous faire comprendre les lois de l'apprentissage et du conditionnement opérant.

Cette loi du renforcement vaut pour tous les comportements humains, dans la vie en société comme à l'école. Mais plus que les notes, pour prendre cet exemple, ce sont les compliments des enseignants et le plaisir des parents qui encouragent un enfant à poursuivre ses efforts à l'école.

> Ce n'est pas la récompense immédiate qui est le plus efficace à long terme, mais les renforçateurs sociaux. Grâce à vos remarques positives, l'enfant va passer de l'autosatisfaction matérielle immédiate à des valeurs plus solides : plaisir du devoir accompli ; prise de responsabilité ; trouver sa place au sein du groupe familial et social.

➤ « Avec ce système, mon enfant ne voudra plus rien faire sans récompense. »

Il ne faut pas craindre que le nouveau comportement ne se maintienne qu'au prix d'une récompense. Les études scientifiques et la pratique quotidienne prouvent le contraire.

Par exemple, lorsque l'enfant commence à se déshabiller seul, il est félicité et ses parents lui expriment leur joie. Après quelque temps, il n'est plus nécessaire de le faire ; l'enfant le fait sans attendre de récompense : il a *acquis* un comportement social et il va le maintenir à long terme.

Notre méthode vise le même but.

Dans notre tableau, le comportement, une fois acquis, est placé dans la rubrique « Divers » et n'est plus récompensé.

Ce n'est toutefois pas une raison, lorsque votre enfant se met à ranger régulièrement sa chambre alors même qu'il n'obtient plus de « points bleus » pour oublier de le féliciter (« j'apprécie que tu ranges ta chambre, ça me fait vraiment plaisir »).

Ces renforçateurs sociaux doivent être donnés de temps à autre, de façon irrégulière et non prévisible, mais il faut toujours y penser. Il n'est pas nécessaire que votre patron vous dise tous les jours ce que vous faites de bien, mais avouez qu'une remarque positive de temps à autre fait plaisir et donne le courage de continuer.

Le plus souvent, l'usage du jeu des points diminue progressivement au sein de la famille. L'instauration du nouveau dialogue positif autour du jeu permet de gérer les conflits sans plus passer par l'utilisation de ce système. Les problèmes disparaissent avant d'avoir atteint les proportions d'avant.

➤ « Même si je diminue le comportement oppositionnel de mon enfant, je ne saurai pas pourquoi il a été opposant. »

Le jeu des points ne permet pas de trouver les raisons d'un comportement opposant ; il ne sert qu'à le faire disparaître. En revanche, le fait de renouer le dialogue par sa mise en place rend possibles d'autres discussions.

L'intimité de cet espace-temps que vous aurez su créer avec votre enfant deviendra le lieu d'échanges au cours desquels vous pourrez aborder les difficultés en toute quiétude.

Le système de renforcement-extinction ne peut en aucun cas régler les éventuels problèmes psychologiques de votre enfant. Il sert à dédramatiser, à restaurer le dialogue.

Une fois le masque de l'opposition levé, il sera plus facile de comprendre les souffrances de l'enfant et l'aider à les surmonter.

➤ « Changer le comportement de mon enfant ne changera pas sa personnalité. »

Ce n'est effectivement pas le but de la méthode. L'idée est de permettre à votre enfant d'exprimer sa personnalité selon une modalité acceptable par son environnement et, en même temps, bénéfique pour lui.

Si cette personnalité vous inquiète ou vous paraît « pathologique », le système des jetons vous aidera à préciser vos craintes quand vous irez consulter un thérapeute.

➤ « Je n'ai pas que ça à faire ! J'ai une famille et un travail. Je n'ai pas assez de temps. »

C'est vrai, l'utilisation du jeu des points bleus demande du temps et de la disponibilité. Mais essayez de mesurer le temps et l'énergie que vous dépensez chaque jour à vous battre avec votre opposant ! La diminution du temps perdu en conflits vous disponibilisera pour le jeu.

> N'oubliez jamais que votre indisponibilité est une des causes de l'opposition. S'il ne peut obtenir que vous vous occupiez spontanément de lui, votre enfant saura vous y obliger au prix de disputes et de conflits. Il y trouvera deux avantages : d'abord vous ne vous occuperez que de lui, ensuite il peut vous « punir » de ne pas être à son écoute.

Nous ne vous proposons donc pas de gagner du temps mais de le dépenser positivement.

Récapitulons

Le jeu des points bleus doit vous permettre d'éviter les conflits et les punitions qui donnent souvent des remords aux parents et ne font pas changer l'enfant. C'est une méthode efficace, simple, valorisante et qui présente de nombreux avantages à court ou à long terme.

D'après les parents utilisateurs, très vite, vous serez surpris par les capacités que votre enfant va mettre en œuvre et par les progrès qu'il va réaliser. Vous découvrirez tous ensemble une autre forme de communication fondée sur la négociation, et non plus sur le conflit !

Principes	**Avantages**
Renforcer les réponses adaptées	Valoriser et récompenser les efforts fournis
Supprimer les conséquences négatives	Diminuer les conflits et les punitions

Principes	Avantages
Éteindre le comportement-problème	Ne pas donner de valeur à l'opposition
Autonomiser l'enfant	Donner à l'enfant le choix de sa réussite
L'aider à mettre en place des stratégies pour arriver au but	Donner à l'enfant l'envie de réussir
Échanger l'opposition par le dialogue	Communiquer avec l'enfant
Anticiper l'avenir	Maintien à long terme des apprentissages
Faire comprendre les principes éducatifs	Donner les valeurs nécessitées par la vie en société

Que faire en cas d'urgence ?

Le jeu des points bleus vous a permis de mettre en place la procédure de renforcement-extinction.

Ce système est très utile pour faire disparaître les manifestations oppositionnelles au profit d'un dialogue permettant de résoudre les problèmes par une communication efficace et bénéfique pour les deux parties.

Toutefois, il existe des moments où, même avec la meilleure volonté du monde, il est très difficile de rester « zen » face à la provocation de l'opposant.

Lorsque votre seuil de tolérance est dépassé ou que l'urgence de la situation le nécessite, il est clair qu'il faut agir, c'est-à-dire punir.

Dans la théorie de l'apprentissage, les punitions sont appelées « conséquences négatives ». Il en existe de deux sortes :

1. Les premières permettent la disparition du comportement dans l'immédiat mais aussi dans l'avenir.

2. Les secondes stoppent l'urgence mais n'éteignent pas le problème à plus long terme.

Le principe de base

Une conséquence est dite négative, lorsqu'elle présente un caractère désagréable. Il peut s'agir d'un stimulus aversif (punition ou fessée) ou de la suppression d'un bénéfice attendu par l'enfant (retrait du renforçateur positif).

Stimulus →	**Réponse** →	**Conséquence négative**
Devoir à faire →	Refus pour pouvoir jouer →	Mauvaise note, punition (stimulus aversif)
Devoir à faire →	Refus pour pouvoir jouer →	« Colle » (retrait du renforçateur positif)

Première solution : supprimez les bénéfices

On distingue deux types de procédures selon que ce retrait est temporaire ou permanent.

Dans le premier cas, vous allez empêcher votre enfant pendant un temps donné d'obtenir des bénéfices (renforçateurs positifs) : c'est ce qu'on appelle la mise à l'écart (ou *time out*).

Dans le second cas, vous allez retirer *définitivement* des bénéfices que votre enfant avait gagnés précédemment.

➤ La mise à l'écart de l'enfant

Lorsque vous sentirez que votre colère gronde et que vous n'allez pas tarder à perdre votre calme, nous vous proposons d'intervenir en faisant sortir l'enfant de votre champ d'action et d'écoute.

La mise à l'écart consiste à envoyer votre opposant dans un endroit de la maison très ennuyeux (couloir ou salle de bains).

Ce local ne doit pas être effrayant. Donc pas de cave ni de placard noir, s'il vous plaît ! Vous pouvez aussi tout simplement mettre votre enfant à la porte de l'endroit où vous vous trouvez ou bien vous enfermer dans une pièce agréable dont vous interdisez l'accès.

> **Attention** : cette mise à l'écart doit se faire sans cris et sans longues explications. Vous aurez toutefois prévenu votre enfant de la façon dont vous risquez de réagir s'il persiste dans son comportement.

La durée de la mise à l'écart est variable, de une à cinq minutes, rarement plus de quinze, et il est préférable de la fixer à l'avance.

Plus l'enfant est jeune, plus elle doit être courte.

Si votre opposant persiste dans son comportement alors qu'il est en période de *time out*, ne commencez à chronométrer qu'à partir du moment où il cesse son opposition.

La mise à l'écart temporaire de votre enfant introduit un changement dans l'environnement (conséquence négative). Toutefois, comme la procédure d'extinction (conséquence neutre), elle vise à obtenir la disparition définitive du comportement.

➤ Quelques conseils

Ne vous inquiétez pas si votre enfant ne se calme pas tout de suite

C'est normal. Vous risquez même de le voir augmenter l'intensité de son comportement dans le but de vous faire réagir.

Ne soyez pas étonné par sa violence verbale et par les noms d'oiseaux dont vous serez affublé. Si c'est trop pénible, branchez la radio, mettez un walkman ou profitez de l'occasion pour téléphoner à votre meilleur(e) ami(e).

Ne laissez pas d'objets précieux à portée de main

Pensez bien à cacher votre merveilleux vase de Chine ou le cristal de votre grand-mère : ils ne résisteraient pas à la colère de votre enfant.

D'ailleurs, en règle générale, plus vous aimez un objet et plus il risque d'être malmené (pour vous faire céder, bien évidemment).

Supprimez tous les facteurs qui pourraient vous faire « craquer »

Fermez les portes et les fenêtres, ne tenez pas compte des réflexions des voisins, cachez les objets dangereux.

Compte tenu de ce que nous venons de dire, le couloir est une pièce idéale pour le *time out :* il y a peu de meubles, peu d'objets dangereux et rarement de fenêtre.

Ne cédez pas à la culpabilité

Certains enfants peuvent persister dans leur comportement jusqu'à une ou deux heures après le début de la mise à l'écart.

Durant ce temps-là, votre colère à vous va baisser et éventuellement faire place à de la culpabilité. Vous aurez alors envie de tout arrêter et d'aller consoler votre chérubin.

Mais cette réaction aurait un effet renforçateur immédiat et si vous avez à affronter de nouveau le même problème, il faudra attendre encore plus longtemps pour que votre enfant se calme.

> **Notez bien :** les enfants savent parfaitement que les mamans craquent plus facilement que les papas. Aussi ont-ils une réaction d'autant plus forte qu'elle s'adresse à leur mère.
> Nous vous conseillons donc, mesdames, de ne pas être seules lorsque vous pratiquez la mise à l'écart.

N'oubliez pas ensuite de faire exécuter la consigne

Lorsque vous aurez attendu le temps prévu, demandez à votre enfant d'exécuter la consigne qui a été à l'origine de son comportement opposant.

Autrement, vous lui permettriez d'échapper à un désagrément et vous créeriez un renforçateur positif.

N'allez pas imaginer le pire

La plupart des parents sont d'abord réticents. Ils craignent que leur enfant, mis à l'écart, casse les portes, hurle ou se mette en danger. En fait, ils s'aperçoivent bien vite que la colère exprimée est rarement au niveau de ce qu'ils avaient craint.

En outre, une fois que votre enfant aura constaté que vous ne cédez pas, il va devoir adopter un autre mode de communication pour obtenir votre attention ; vous verrez alors la durée de la mise à l'écart diminuer progressivement et rapidement.

N'envoyez jamais votre enfant dans sa chambre

Soit il l'adore, et au lieu de supprimer un agent renforçateur, vous lui donnez l'occasion de se soustraire à une consigne pour retrouver ses jouets.

Soit sa chambre devient un lieu punitif où il va désormais refuser de jouer, de faire ses devoirs et, surtout, de s'endormir (l'endroit étant devenu trop angoissant).

➤ Les amendes

À la suite de l'émission de comportements que l'on souhaitait voir disparaître, l'enfant doit rendre des renforçateurs gagnés précédemment, suivant un tarif fixé au préalable et connu des deux parties.

Dans le jeu des points bleus, lorsqu'un comportement est acquis, vous le rangez dans la rubrique « Divers ». Désormais, le faire ne rapporte plus de points bleus, mais ne pas l'exécuter donne un point rouge qui sera déduit des points bleus obtenus dans la semaine.

En cas d'opposition insupportable, vous allez plus loin : vous retirez directement des points bleus du tableau. L'enfant comprend ainsi que son comportement a un « coût », qu'il est tenu de « payer » à l'aide de ses points.

> Même si elle fait bien comprendre à l'enfant la valeur de son action, cette méthode est un peu plus discutable et risquée. Si elle est appliquée trop régulièrement, votre enfant pourrait renoncer à faire des efforts, dès lors que leur bénéfice peut être annulé par le coût des dérapages.

Deuxième solution : les traditionnelles punitions

Il s'agit de présenter un stimulus aversif immédiatement après l'émission du comportement inadéquat.

Ces stimuli sont appelés primaires lorsqu'ils font appel à l'agressivité (fessée, gifle, etc.) ; sociaux, lorsqu'ils passent par un discours élaboré (réprimandes, sermons, critiques, etc.).

Ces stimuli existent dans la vie courante. Le jeune enfant expérimente vite que s'il prend le jouet de son camarade, il va recevoir un coup, que s'il laisse ses doigts dans l'entrebâillement de la porte, il va se faire pincer.

> Les parents utilisent depuis la nuit des temps cette méthode aversive. Elle a l'avantage de mettre un terme rapidement à une situation insupportable. Elle permet aussi au parent de soulager sa tension en libérant son agressivité. Autrement dit, elle fait du bien à celui qui l'utilise et, comme l'effet est immédiat, les parents ont tendance à y recourir facilement.

➤ Quelques conseils

N'attendez aucun changement durable

Cette méthode n'a aucune efficacité pour le changement à long terme du comportement de votre enfant.

Tous les parents le savent, ce n'est pas parce qu'un enfant a été puni ou a reçu une fessée qu'il ne renouvellera pas sa bêtise dans les jours ou les heures qui suivent.

La raison en est simple.

Les adultes envisagent les événements sur le long terme et ils pensent que leur progéniture fait de même et comprend les choses une bonne fois pour toutes. Les enfants, eux, vivent dans l'instant et ont du mal à considérer les situations dans l'avenir.

J'entends souvent des parents dire à leurs enfants en primaire qu'ils doivent travailler pour avoir un bon métier plus tard. C'est une notion qui n'a aucun impact sur eux, l'avenir est trop lointain. Ils travaillent pour faire plaisir à la maîtresse et à leurs parents, certainement pas pour ce qu'ils deviendront dans vingt ans !

N'en abusez jamais

Cette méthode comporte un risque important d'*habituation*.

Si les fessées ou les punitions sont trop fréquentes, elles perdent l'effet aversif escompté. Les éducateurs rentrent alors dans une escalade de violences totalement inadmissible. On sort du contexte relationnel apprenti-éducateur pour entrer dans une relation d'autorité où un adulte abuse de sa force physique et intellectuelle au détriment d'un enfant incapable de répondre.

> Une « bonne fessée » fait du bien à celui qui la donne et arrête rapidement une situation d'urgence. Mais elle ne doit être réservée qu'à des moments de tension extrême ou en cas de danger immédiat pour l'enfant. Elle doit être distribuée de manière parcimonieuse, si l'on veut qu'elle reste efficace, à l'avenir.

Troisième solution : les menaces

En jargon comportemental, une menace est un stimulus discriminatif. Dans notre schéma, elle se situe avant la réponse pour prévenir des conséquences si le comportement est émis.

Stimulus discriminatif		**Conséquence prévue**
Si tu ne débarrasses pas la table	→	Tu iras te coucher sans regarder la télévision

La menace vise à empêcher l'apparition du comportement indésirable en prévenant l'enfant de la conséquence de ses actes. Elle lui permet de connaître vos attentes et votre réaction en cas de déception, elle fixe les limites qu'il ne doit pas dépasser. Elle a donc une action préventive sur la réponse.

➤ Quelques conseils

L'utilisation de menaces n'est efficace que si vous respectez les termes de votre contrat

Soyez certain que vos enfants vérifieront si vous êtes capable de les appliquer. Ils testeront votre crédibilité et vous serez obligé, même si vous n'en avez pas envie, d'être coercitif. C'est à ce prix que vos enfants respecteront vos consignes éducatives.

Un jour, je travaillais avec un groupe de douze enfants, âgés de onze à quatorze ans, sur l'art et la manière de faire respecter ses droits. Les entendant se plaindre de la façon dont leurs parents et leurs professeurs les forçaient à faire les choses, je leur ai proposé un jeu.

L'un des enfants jouait le rôle d'un père qui demande à son enfant de ranger sa chambre en désordre depuis une semaine. Les autres enfants devaient l'écouter et dire s'ils auraient accepté de ranger leur chambre compte tenu de la manière dont il avait formulé sa demande.

Première tentative : « S'il te plaît, mon chéri, veux-tu bien ranger ta chambre ? » Rires dans la salle, personne n'aurait rangé.

Deuxième tentative : « Je voudrais que tu ranges ta chambre, car je pourrais me fâcher. » Mêmes réactions.

Troisième tentative : « Je veux que tu ranges ta chambre. Sinon, tu seras privé de télévision pendant deux mois. » La moitié du groupe aurait rangé la chambre, l'autre moitié non.

J'ai été surprise de ce dernier résultat. Aussi ai-je demandé aux enfants ce qui les avait décidés à ran-

ger ou à ne pas ranger. Ceux qui l'auraient fait m'ont dit ceci : « Je l'ai fait car lorsque mes parents menacent de quelque chose, ils l'appliquent toujours. » Les autres m'ont répondu : « Moi, mes parents, quand ils disent qu'ils vont me punir, ils ne le font jamais. »

Ne menacez jamais d'une chose que vous ne ferez pas

Il est important de mettre en application ses menaces quand un enfant opposant a décidé de ne pas respecter une consigne.

Évitez les « si tu ne viens pas, je te laisse seul(e) au milieu de la rue » (vous auriez bien trop peur) ; « si tu ne fais pas ce que je te demande, je t'envoie en pension » (vous ne le supporteriez pas et votre enfant le sait) ; « si tu continues comme ça, j'annule ta fête d'anniversaire » (vous attendez quinze enfants dans l'heure qui suit).

Tableau de points de Marine, 9 ans

128 PTS

Marine

Consignes	LUNDI	MARDI	MERCREDI	JEUDI	VENDREDI	SAMEDI	DIMANCHE
SAUTES D'HUMEURS	●	●	●	●	●	●	●
GROSSES DISPUTES AVEC ANTONIN	●	●	●	●	●	●	●
NE PAS SE MÊLER DES CONVERSATIONS	●	●	●	●	●	●	●
BONNE HUMEUR	●	●	●	●	●	●	●
MARINE DANS SON ESPACE	●	●	●	●	●	●	●
LAVER + AFFAIRES	●	●	●	●	●	●	●
BONJOUR + BISOUS	●	●	●	●	●	●	●
RANGER SON CARTABLE	●		●	●	●	●	
DIVERS	●		●		●		
TOTAL:	6	7	8	8	8	8	7	52 pts

Semaine du : 1 au 7 janv.

Tableau de points de Nicolas, 5 ans

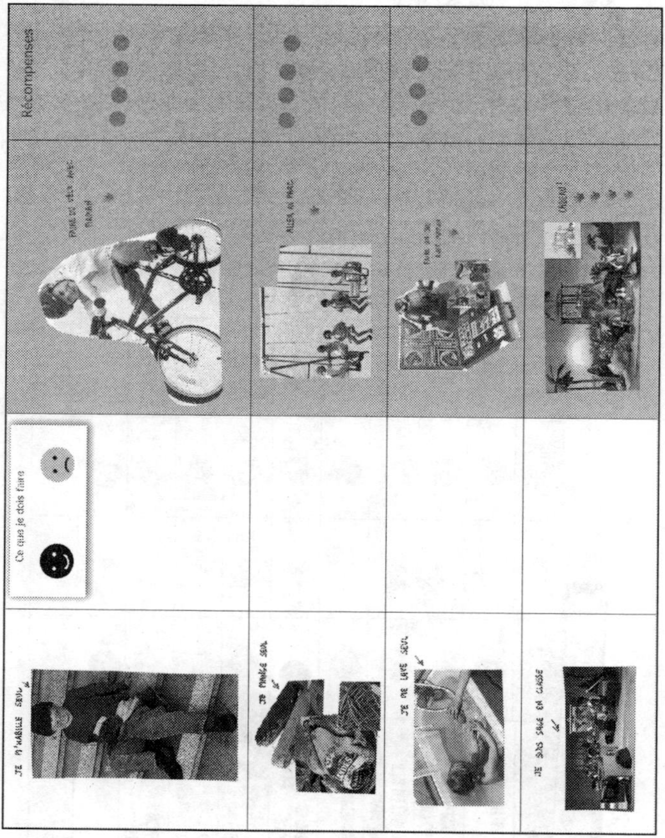

QUESTIONNAIRE DE MOTIVATION « Ce que j'aime le mieux » – phrases à compléter

(D'après Tharp et Wetzel, 1969[38])

Vous allez demander à votre opposant un énorme effort sur lui-même : apprendre à communiquer autrement que par l'affrontement. Afin de l'aider, vous allez le motiver, car il arrive qu'un enfant n'exprime pas spontanément ses désirs.

Vous lui ferez remplir ce questionnaire soit par oral, soit par écrit. Il vous permettra de connaître plusieurs de ses systèmes de motivation que vous utiliserez pour l'encourager à renoncer à son attitude oppositionnelle.

1. La grande personne (l'adulte) que je préfère, c'est…
2. Qu'aimes-tu faire avec elle (lui) ?…
3. La meilleure récompense qu'on puisse me donner, c'est…
4. À l'école, la matière que je préfère, c'est…
5. Si j'avais 15 euros, je…
6. La personne de ma famille avec qui je préférerais faire plus d'activités, c'est…
7. Quand je serai grand, je voudrais être…
8. Les deux choses que j'aime le mieux faire, c'est…
9. Quand je fais quelque chose de bien, ce que maman fait, c'est…
10. Pour avoir de l'argent, je…
11. Quand j'ai de l'argent, j'aime…

12. Quand j'ai des difficultés, mon papa…
13. La chose que je désire vraiment, c'est…
14. Quand je fais plaisir à mon papa, ce qu'il fait, c'est…
15. Si j'avais un coup de chance, ce que j'aimerais sûrement, c'est…
16. La personne dont j'apprécie le plus qu'elle me récompense, c'est…
17. Comment te récompense-t-elle ?
18. Ce que j'aime surtout faire avec maman, c'est…
19. Parmi les activités ou choses agréables du week-end, ce que je préfère, c'est…
20. Quand je travaille mieux en classe, je souhaite que mon professeur…
21. Si je travaillais mieux en classe, je souhaiterais que mon professeur…
22. Je ferais n'importe quoi pour…
23. Quand j'ai des difficultés, maman…
24. Ce que j'aime surtout faire, c'est…
25. Les deux programmes de TV que je préfère sont…
26. Ce que j'aime surtout faire avec mon papa, c'est…

Chapitre 18

Faites le point !

Le résumé des grandes étapes

Voici la liste des démarches qui vous ont été proposées afin de lever l'opposition de votre enfant.

Théorie	Objectifs	En pratique
Analyse fonctionnelle des comportements-problèmes	Choisir des objectifs précis	Vous agissez sur les comportements les uns après les autres
Technique de renforcement-extinction	Éteindre le comportement gênant et augmenter l'émission de l'adéquat	Vous associez le jeu des points bleus à l'usage des compliments verbaux
Technique d'urgence Retrait d'un renforçateur positif	Suppression du bénéfice attendu	Procédure de mise à l'écart Amendes
Présentation d'un stimulus aversif	Faire suivre la réponse d'une conséquence désagréable	Punitions Critiques
Stimulus discriminatif	Prévenir les conséquences	Menaces
Évaluation des résultats	Mesurer les changements	Vous comparez les évaluations avant et après la mise en place du changement

N'oubliez jamais de faire votre analyse avant et après la mise en place de vos consignes. Vous pourrez ainsi observer les progrès et l'efficacité de votre travail.

Vous éviterez aussi, de cette façon, de désespérer les jours où vous aurez l'impression de n'arriver à rien.

Les règles d'or

Si nous avons décidé de faire ce livre, c'est parce que nous savons que l'opposition de l'enfant est un problème fréquent et déroutant pour les parents.

Environ 4 % des enfants ont un trouble oppositionnel avéré au sens psychopathologique du terme. Cette forme d'opposition n'est pas la plus répandue. À ce jour, aucune étude n'a évalué la fréquence de l'opposition « bénigne » que les parents rencontrent au jour le jour.

Notre pratique quotidienne de thérapeute, les réflexions des enseignants sur les difficultés qu'ils rencontrent dans leur métier et les discussions entre mères suffisent néanmoins à montrer l'ampleur des dérèglements familiaux, sociaux et scolaires que peut déclencher une opposition, même quand elle n'est pas pathologique.

Alors, souvenez-vous bien de ces petites règles, elles valent de l'or.

Évitez le plus possible d'entrer dans le conflit

Vous risqueriez de l'enkyster et vous êtes vaincu d'avance !

Tolérez une certaine dose d'opposition

Ne traitez que les sujets importants.

Rappelez-vous, votre enfant doit faire ses « crocs ». Acceptez donc qu'il remporte des petites « victoires » sans vous sentir remis en question dans votre autorité. Vous valoriserez ainsi le développement de sa personnalité.

Un enfant qui manifeste son désir d'indépendance est un enfant qui grandit.

Ne personnalisez jamais un conflit

Un enfant de quatre ans qui vous dit que « vous êtes la plus méchante des mamans » ne le pense pas, il cherche simplement à tester vos limites et à voir s'il peut vous faire « marcher ».

Expliquez une fois votre position

Quand vous vous heurtez à un refus. Ensuite restez ferme en évitant d'être agressif.

Acceptez que votre enfant manifeste sa frustration

Modifiez-en seulement la forme et n'oubliez pas d'exprimer, vous aussi, ce que vous ressentez. Il vaut mieux avoir un enfant qui s'oppose verbalement et qui extériorise ses sentiments qu'un enfant passif au comportement nettement plus complexe.

N'abusez pas des sanctions

Nous ne sommes que des êtres humains, parfois anxieux, impatients et fatigués.

Malgré toute notre bonne volonté, il nous arrive d'entrer dans le conflit et d'y mettre un terme par une sanction punitive. Si celle-ci n'est pas surdosée, elle ne traumatisera pas votre enfant.

Toutefois, rappelez-vous, les études ont prouvé que les fessées et les punitions n'entraînaient aucun changement à long terme : en général, le comportement réapparaît au bout de quelques jours, voire de quelques heures.

En cas de faux pas ou de coup dur

À la lecture, tout paraît simple mais, dans la réalité, vous allez parfois avoir du mal. Et même si vous savez comment gérer sur le plan comportemental et sur le plan verbal les situations de conflit déclenchées par l'opposition de votre enfant, il y aura forcément, un jour ou l'autre, des moments difficiles où vous aurez tendance à vous remettre en question.

Ne vous sentez pas seul et forcément responsable de ce qui va mal

Essayez d'en discuter avec d'autres parents. Les plus honnêtes vous raconteront qu'eux aussi sont confrontés à l'opposition de leur enfant. Profitez de l'occasion pour échanger des petits « trucs » qui permettent de faire face.

N'allez pas penser que vous êtes de mauvais éducateurs

Et que les autres parents réussissent mieux que vous.

Prenez, au départ, cette situation comme un signe de bonne santé

Votre enfant grandit, devient plus autonome et développe sa personnalité. Votre rôle est de lui permettre de le faire selon un mode bénéfique pour lui au sein de la société.

Prenez le temps d'évaluer et d'appliquer les consignes que nous vous avons décrites

Sachez qu'au quotidien, il ne sera pas toujours facile de le faire et que vous aurez parfois l'impression d'être dépassé par les événements. Faites-vous confiance.

Rappelez-vous que vous n'êtes pas tout seul et que le temps joue en votre faveur.

N'hésitez pas à faire appel à un professionnel

Si vous vous sentez dépassé, si le retentissement de l'opposition de votre enfant vous inquiète ou que vous avez besoin de parler avec quelqu'un de neutre.

TROISIÈME PARTIE

L'aide des professionnels

Chapitre 19

Choisir son thérapeute

Dans le dédale des « psy » et « psychothérapies », il n'est pas toujours facile de s'y retrouver quand on est parent.

Je vais donc essayer de vous donner les moyens de choisir le thérapeute, puis la prise en charge, qui correspondent au mieux aux difficultés de votre enfant ainsi qu'à votre personnalité.

Les psychiatres et les pédopsychiatres

Leur formation

Ce sont des médecins spécialisés dans les troubles mentaux.

Attention : cela ne veut pas dire qu'ils ne s'occupent que des « fous », mais qu'ils connaissent le fonctionnement mental de tout individu sur les plans psychologique, neurologique et biologique.

Ces thérapeutes savent traiter l'ensemble des troubles psychologiques, du plus « normal » au plus « pathologique ». En plus de leurs études de médecine, ils ont reçu une formation dans une ou plusieurs techniques de psychothérapie.

Plus spécialisés encore, les pédopsychiatres ont suivi une formation complémentaire de deux ans minimum sur les troubles de l'enfant et de l'adolescent.

> Un psychiatre ou un pédopsychiatre peut intervenir quelles que soient la forme et l'intensité d'un trouble psychologique. Il ne mettra pas systématiquement en œuvre un traitement médicamenteux, même s'il peut le prescrire. En tant que médecin, il est remboursé par la Sécurité sociale.

Leur apport dans l'évaluation des troubles

Le but premier d'un médecin psychiatre est d'établir un diagnostic, c'est-à-dire de définir précisément les difficultés, de voir si elles correspondent à une maladie mentale ou pas, de déterminer les causes.

L'analyse des troubles peut vous paraître complexe. Il vous interrogera longuement sur l'histoire de votre enfant et sur son développement psychomoteur ; il examinera son carnet de santé, s'intéressera aux antécédents psychopathologiques éventuels dans votre famille, ascendants et collatéraux compris. Il pourra aussi procéder à des examens complémentaires.

Ces examens complémentaires sont nécessaires pour parfaire le diagnostic et aussi éliminer l'hypothèse d'autres pathologies. Par exemple, devant l'énurésie d'un enfant qui était propre, le psychiatre peut demander un examen des urines, s'il soupçonne une infection urinaire ; ou bien un examen du cerveau (électroencéphalogramme) s'il pense à une épilepsie ; ou bien encore une analyse du taux de sucre dans le sang (glycémie) s'il penche pour un diabète.

Le psychiatre ou le pédopsychiatre complétera souvent son analyse médicale, par des bilans psychologique, orthophonique, psychomoteur ou scolaire ainsi que par vos observations.

Au terme de cette démarche diagnostique, il vous expliquera les difficultés de votre enfant et les différentes façons d'y remédier. Il vous détaillera le type de prise en charge qui lui paraît le plus adapté aux troubles de votre enfant et à votre façon de vivre.

Leur prise en charge

S'il a la formation nécessaire dans la technique choisie pour remédier aux difficultés de votre opposant, le psychiatre ou le pédopsychiatre pourra vous proposer de prendre lui-même en charge votre enfant.

Sinon, il vous conseillera la personne qu'il considère comme la plus compétente dans le domaine. Dans ce cas, il reste le médecin prescripteur de la thérapie. À ce titre, il doit s'informer régulièrement des progrès accomplis auprès du thérapeute et de vous-même.

> Que l'on prescrive des médicaments ou une thérapie, la démarche médicale reste la même : le médecin référant est tenu d'en vérifier l'efficacité et d'intervenir s'il estime que les résultats sont insuffisants.

Les psychologues

Leur formation

La psychologie est la science des faits psychiques. Elle vise la connaissance des activités mentales et des comportements en fonction des conditions de l'environnement.

Le psychologue fait un minimum de cinq années d'études après le baccalauréat. Ces études le forment à participer aux étapes diagnostiques, pronostiques et thérapeutiques ainsi qu'à des travaux de recherche et d'enseignement. Il se spécialise afin d'avoir une pratique dans des domaines différents : psychologie clinique, psychologie en entreprise, expertise auprès des tribunaux et psychothérapies.

Il peut exercer en cabinet libéral (non conventionné), au sein d'une équipe médicale (dans un service hospitalier, en pédopsychiatrie par exemple), d'une équipe médico-sociale (centre médico-psychopédagogique, centre d'adaptation psycho-pédagogique, centre de protection maternelle et infantile) ou encore dans le secteur de l'Éducation nationale (psychologue scolaire) ou de l'Enseignement supérieur.

Leur apport dans l'évaluation des troubles

En psychologie clinique, le psychologue observe, écoute le patient, conduit des entretiens. En fonction de la demande, des données de l'entretien, des hypothèses qui surgissent, des symptômes présentés, il recourt à des instruments de mesure qu'on appelle des « tests ».

Les tests seront analysés, interprétés avec beaucoup de circonspection et de rigueur et les conclusions seront explicitées aux parents dans un entretien personnalisé, aussi long que nécessaire, afin que ceux-ci puissent poser toutes les questions qu'ils souhaitent et comprendre où en est leur enfant, comment le guider et quel type d'aide envisager.

Il existe plusieurs sortes de tests. Voici les deux types principaux de tests individuels.

➤ Les tests d'efficience intellectuelle

Ils apprécient le fonctionnement cognitif de l'enfant, évaluent ses capacités et son potentiel. Ils permettent de comprendre d'éventuels troubles sur le plan verbal et sur celui de la performance.

Ces tests d'efficience permettent d'établir un quotient intellectuel global (QI), qui est calculé en fonction de l'âge du patient à partir d'un quotient intellectuel verbal et d'un quotient intellectuel de performance (dont il n'est pas la moyenne).

Ce quotient intellectuel n'est pas communiqué, en principe, par les psychologues. S'il doit être divulgué, il doit être accompagné d'explications claires et détaillées quant à sa signification.

En effet, au-delà du résultat chiffré, il est capital d'analyser les résultats et d'en apprécier l'homogénéité ou l'hétérogénéité par rapport à la moyenne de la population de référence), de saisir la genèse des difficultés, de comprendre comment l'enfant raisonne ou est empêché de raisonner, comment et pourquoi il échoue ou réussit à telle ou telle tâche. Des échecs isolés sont très significatifs.

De nombreux facteurs situationnels interviennent pour altérer le fonctionnement intellectuel. Ils sont repérés par le psychologue au cours de son examen : anxiété, opposition, tristesse, manque de confiance en soi, peur de l'échec, etc.

L'utilisation généralisée du QI dénature la notion même de QI et lui fait perdre toute sa crédibilité, sans rien expliquer du fonctionnement intellectuel et cognitif d'un enfant.

➤ Les épreuves projectives

Elles complètent l'évaluation et permettent d'apprécier les composantes de la personnalité, d'étudier l'évolution affective et de mettre en évidence les capacités dynamiques ou les facteurs d'inhibition et d'anxiété qui peuvent entraver éventuellement le fonctionnement intellectuel et cognitif.

Autrement dit, elles servent à évaluer l'estime de soi, les relations interpersonnelles de l'enfant et sa famille et son entourage et, aussi, l'investissement dont il est l'objet.

Ce type de tests propose un matériel soit structuré, soit non structuré, qui permet au patient d'exprimer son imaginaire, de révéler ce qu'il ressent, ses émotions, ses désirs inconscients et ses modes d'adaptation. Ils sont nécessaires pour apprécier les capacités d'investissement, la créativité ou le conformisme d'un enfant, ou non, avec son potentiel.

Leur prise en charge

Les psychologues réalisent les thérapies adéquates en fonction de leur formation spécifique : thérapie cognitivo-comportementale, thérapie analytique, thérapie systémique, thérapie familiale, thérapie mère-enfant, psychodrame, etc. Les techniques thérapeutiques les plus efficaces dans le trouble oppositionnel sont exposées plus loin.

Les médecins de famille ou les pédiatres

Leur formation

Ces médecins connaissent bien vos enfants et votre famille. La formation à la psychologie et à la psychiatrie qui est incluse dans leurs études médicales, jointe à leur expérience clinique en pédiatrie, leur permettra de vous aider le cas échéant.

Sachez aussi qu'ils peuvent maîtriser certaines techniques psychologiques complémentaires ou paramédicales, comme l'acupuncture ou l'homéopathie, qui sont parfois utiles dans le cadre du trouble oppositionnel.

Comme tout médecin, ils sont remboursés par la Sécurité sociale.

Leur apport dans l'évaluation des troubles

En tant que médecin, leur démarche diagnostique sera la même que celle du psychiatre.

Votre médecin de famille ou votre pédiatre s'entretiendra avec votre enfant, utilisera vos observations, fera un diagnostic et vous aidera dans le choix d'un thérapeute spécialisé si cela s'avère nécessaire.

Dans le cadre du trouble oppositionnel à expression psychosomatique, il vous rassurera sur l'innocuité de la pathologie et vous aidera à démêler l'intrication des troubles organiques et psychologiques.

> Certains parents hésitent à parler à leur médecin des difficultés psychologiques qui touchent leur famille. C'est, pourtant, un interlocuteur privilégié. Les adolescents le connaissent depuis qu'ils sont petits ; les enfants lui font confiance. Ils acceptent souvent plus facilement de parler à leur pédiatre qu'à un « psy » auquel ils associent une idée de « folie ».

Leur prise en charge

Ce sont des partenaires thérapeutiques souvent efficaces.

Ils vous aideront à mettre en place les méthodes exigées par le comportement oppositionnel. Leur statut de thérapeute et leur neutralité bienveillante en font des intervenants de choix pour vous aider à mettre à distance les problèmes et vous aider à faire face.

Les orthophonistes

Leur formation

Les orthophonistes sont spécialisés dans les troubles du langage oral et écrit. Ils ont suivi une formation dans ce domaine durant quatre ans. Ils sont remboursés par la Sécurité sociale.

Leur apport dans l'évaluation des troubles

Les orthophonistes évaluent les difficultés en lecture et en orthographe des enfants et voient si leurs troubles nécessitent une rééducation.

> Il faut savoir que 10 à 30 % des opposants scolarisés en primaire présentent une dyslexie et/ou une dysorthographie. Ces troubles du langage touchent en particulier les opposants présentant une hyperactivité associée[39]. Les adolescents opposants ont, eux aussi, d'importantes difficultés scolaires associées à des troubles du langage[40].

Leur prise en charge

En cas de besoin, ils feront une rééducation orthophonique des troubles du langage. Ils peuvent parfois aussi prendre en charge les difficultés en mathématiques. Leur travail est complémentaire d'une psychothérapie.

Les psychomotriciens

Leur formation

Les psychomotriciens suivent une formation pendant deux à quatre ans. Ils travaillent à la fois sur la motricité et les fonctions psychiques de l'enfant.

Ils ne sont pas remboursés par la Sécurité sociale, sauf s'ils travaillent dans des centres médicaux psycho-pédagogiques (CMPP).

Leur apport dans l'évaluation des troubles

Ils pratiquent une batterie de tests qui permettent de mieux comprendre comment l'enfant intègre et contrôle les mouvements de son corps. Ils déterminent ses capacités attentionnelles, son impulsivité et voient de quelle façon il se repère dans le temps et l'espace.

Il faut savoir que ces données sont souvent perturbées chez les opposants agités et distraits.

Leur prise en charge

Le travail en rééducation suit plusieurs axes :
— le contrôle de l'impulsivité et de l'agressivité ;
— l'augmentation de la capacité attentionnelle ;
— le repérage du corps dans l'espace.

La prise en charge peut se faire en individuel ou en groupe.

> L'aide des psychomotriciens est très utile dans le cadre de l'opposition associée à une hyperactivité. Leur travail est complémentaire de celui d'un psychothérapeute, à moins qu'ils n'aient la double casquette.

Chapitre 20

Choisir sa thérapie

Les psychothérapies

On appelle psychothérapies les différentes prises en charge fondées sur le dialogue et faisant évoluer le raisonnement psychologique du sujet.

Si vous avez discuté de vos problèmes avec votre meilleur(e) ami(e) et que ses conseils vous ont permis de changer votre mode de relation avec votre enfant, vous avez fait un travail de psychothérapie et cet(te) ami(e) a eu un rôle de « psychothérapeute ».

Avec un professionnel, en fonction de la technique employée, les prises en charge ont des noms différents : psychanalyse, thérapie comportementale et cognitive, thérapie familiale, thérapie de groupe, etc.

Dans tous les cas, le travail entre le(s) patient(s) et le(s) thérapeute(s) est purement intellectuel et verbal.

> Lorsque vous lisez sur la plaque d'un cabinet le mot psychothérapie, sachez donc que ce terme désigne uniquement une méthode verbale et psychologique de traitement.

Cela ne vous renseigne ni sur la formation du thérapeute ni sur le type de thérapie qu'il utilise.

La chimiothérapie

Le terme de chimiothérapie désigne un traitement médicamenteux, quelle que soit l'action de la molécule utilisée.

Ce n'est donc pas uniquement un traitement anticancéreux. On parle aussi de « psychotropes », c'est-à-dire de médicaments agissant sur le psychisme.

La rééducation

Les techniques rééducatives permettent par une méthode spécialisée de développer les apprentissages qu'un enfant a du mal à réaliser dans le cadre scolaire.

L'orthophonie (rééducation du langage écrit ou oral) et la psychomotricité (rééducation de la coordination des mouvements) sont souvent utilisées chez les enfants.

Récapitulons

Si nous nous sommes permis d'évoquer ces termes techniques, c'est pour que vous puissiez vous y retrouver.

Faute d'information, les parents sont souvent mal orientés dès qu'il s'agit de la prise en charge de leur enfant. Sachez que, dans les journaux grand public, il arrive fréquemment que le terme de « psy » englobe tout et n'importe quoi.

Ainsi, dans un journal de santé, on pouvait récemment lire : « Faites une psychothérapie ou une psychanalyse. » Vous aurez compris qu'il aurait fallu écrire : « Faites une psychothérapie, par exemple une psychanalyse. »

Les termes de psychothérapie (ou thérapie) et psychothérapeute (ou thérapeute) sont des termes globaux. Renseignez-vous toujours sur la formation du praticien et les techniques qu'il utilise. Ce praticien pourra en effet être psychologue, médecin généraliste, médecin spécialisé en pédiatrie, en psychiatrie, en pédopsychiatrie, ou psychomotricien.
Parfois même, il n'aura qu'une simple formation dans la technique utilisée et aucun autre diplôme.

Résumons sous forme de tableau les termes que nous avons présentés et qui vous seront nécessaires pour choisir la personne et le traitement que vous allez utiliser dans la prise en charge de votre enfant opposant.

Le thérapeute	**Sa formation**	**Les types de prise en charge possibles**
Médecin	Études médicales	Psychothérapie d'aide et de soutien Autres psychothérapies si formation complémentaire Chimiothérapie Acupuncture, homéopathie, etc.

Le thérapeute	Sa formation	Les types de prise en charge possibles
Pédopsychiatre	Études médicales Spécialisation en psychiatrie adulte Sur-spécialisation dans les troubles psychopathologiques de l'enfant et de l'adolescent	Toute psychothérapie selon sa formation complémentaire Chimiothérapie
Psychologue	Études de psychologie	Toute psychothérapie selon sa formation complémentaire
Orthophoniste	Études d'orthophonie	Rééducation du langage écrit et oral ou des mathématiques
Psychomotricien	Études de psychomotricité	Rééducation psychomotrice Toute psychothérapie selon sa formation complémentaire
Autre psychothérapeute	Formation ± officielle dans une technique particulière de psychothérapie	Psychothérapie dont il faudra faire préciser le type

Chapitre 21

Les traitements efficaces du trouble oppositionnel

Je vais, dans ce chapitre vous décrire les principaux traitements dont l'efficacité a été largement étudiée chez les enfants opposants. Je n'entrerai pas dans les querelles d'école, je ne vous dirai pas que telle démarche est meilleure que telle autre.

Vous devez comprendre qu'un thérapeute, quel qu'il soit, lorsqu'il vous préconise un traitement, pense sincèrement que c'est le plus adapté à la situation. Ce n'est pas de l'orgueil, mais de l'honnêteté intellectuelle.

S'il a connaissance d'une méthode plus efficace pour traiter le problème en question, il est tenu déontologiquement de vous en faire part.

Comment se passe la première consultation

Vous devez réagir comme chez votre pédiatre.

— Vous allez d'abord décrire le plus précisément possible les symptômes de votre enfant (c'est ce que nous avons appelé l'évaluation).

— Ensuite, le thérapeute complétera vos observations par un interrogatoire familial et un entretien individuel avec l'enfant. S'il est médecin, il y ajoutera un examen clinique et, au besoin, des examens complémentaires.

— Enfin, il vous proposera un traitement, en vous expliquant le but recherché, les résultats escomptés, les effets secondaires possibles, et il vous indiquera la manière dont vous devrez l'utiliser.

Quelques conseils

N'hésitez pas à poser des questions et à demander des explications

Vous avez parfaitement le droit de vouloir en savoir davantage sur la méthode qu'il va utiliser : demandez des explications théoriques et pourquoi pas des références d'ouvrages que vous pouvez lire pour mieux comprendre la technique ou le problème de votre enfant.

Tout psychothérapeute se doit de détailler sa prise en charge. La seule chose qu'il refusera de vous donner, ce sont les informations qu'il aura recueillies auprès de votre enfant. N'imaginez pas qu'il le fait pour vous exclure. Il faut savoir que votre enfant a besoin de cette confidentialité pour résoudre ses problèmes.

Ne culpabilisez pas en vous disant que votre fils ou votre fille préfère parler à un inconnu plutôt que se confier à ses propres parents. S'il ne l'a pas fait, c'est le plus souvent par peur de vous blesser et parce qu'il pense vous protéger. Le thérapeute, en général, essayera de lui démontrer qu'il se trompe et lui proposera de vous parler.

> Rappelez-vous que l'opposition est essentiellement due à une impossibilité de communication : le but de toute psychothérapie en ce domaine est donc de rétablir le dialogue parents-enfant.

Soyez un partenaire actif. La prise en charge psychothérapeutique d'un enfant est un travail d'équipe : elle associe un thérapeute, un patient et ses parents.

Si vous ne comprenez pas la manière de faire, vous aurez l'impression d'être exclu du traitement, vous ne verrez pas forcément les progrès accomplis et vous risquez de vouloir interrompre le traitement.

> Prenez le temps de connaître le thérapeute et la thérapie de votre enfant. Posez-lui les questions qui vous brûlent les lèvres, apprenez à lui faire confiance et travaillez en équipe. Cette démarche est fondamentale dans la réussite du traitement : elle garantit à elle seule 80 % du succès de la prise en charge !

Les différentes formes de psychothérapie

Il existe de nombreuses psychothérapies, il nous est donc impossible de les citer toutes[41]. Si vous entendez parler de thérapie X ou de cure Y, commencez toujours par rencontrer le thérapeute. Voyez si vous vous sentez en confiance avec lui.

Vous et votre enfant

L'analyse fonctionnelle que nous vous avons demandé de réaliser est, au moins, un préalable indispensable.

Elle vous permet de savoir dans quelles situations de la vie quotidienne votre enfant s'oppose, de mesurer l'intensité de ses refus, de connaître la fréquence des crises et de préciser les paramètres en fonction desquels elles varient.

> En faisant appel à votre bon sens de parent, et en vous aidant des idées et des stratégies contenues dans ce livre, vous disposez ainsi d'un premier ensemble de moyens pour faire face.

N'oubliez pas de discuter de vos observations avec votre enfant. La prise de conscience qui en résultera et le fait de renouer le dialogue de cette façon augmenteront vos chances de réussite.

Changer de discours est la clef du succès pour lever l'opposition. Au lieu d'être coercitif et agressif, adoptez un discours plus coopératif (« Regarde avec moi, il y a un certain nombre de problèmes, comment pouvons-nous les résoudre ensemble ? »).

> Si vous estimez que vous avez besoin du secours d'un professionnel, l'analyse fonctionnelle reste indispensable pour la compréhension du trouble et sa prise en charge.

La psychothérapie de soutien

Vous pouvez vous faire aider par un thérapeute qui, par sa neutralité affective, vous permettra de faire, en toute objectivité, le tri des informations que vous aurez recueillies par l'analyse fonctionnelle.

Ce professionnel vous aidera à appliquer vos résolutions et vous encouragera dans leur réalisation. Il suffira de quelques consultations pour gérer les difficultés.

Ce type de consultations porte le nom de psychothérapie de soutien. Ce travail peut être réalisé par un thérapeute sans qu'il ait besoin d'être spécialisé en une technique psychothérapique particulière.

Votre choix devra se porter sur un professionnel en qui vous avez confiance et dont les conseils vous paraissent impartiaux.

Les thérapies cognitives et comportementales[42]

Les thérapies cognitives et comportementales sont très souvent utilisées dans la prise en charge de l'enfant opposant[43].

Leur objectif est d'intervenir directement sur les modes de pensée et les comportements des patients. Elles partent du principe, vérifié, qu'un grand nombre de difficultés psychologiques sont dues à l'apprentissage et au maintien de comportements et de modes de pensée erronés[44].

➤ La thérapie parents-enfant

Les différentes démarches de changement décrites dans ce livre sont des techniques développées par les chercheurs comportementalistes. Elles sont régulièrement appliquées par les thérapeutes formés à ces techniques.

Le jeu des points bleus, par exemple, peut être élaboré avec la complicité du thérapeute qui suivra sur quelques séances la bonne application de la méthode. Les discussions porteront essentiellement sur les quelques aspects litigieux qui ont pu apparaître lors de l'application pratique.

> D'expérience, ce que les enfants contestent le plus souvent, c'est le non-respect par leurs parents de la règle consistant à mettre les points rouges sans y ajouter de commentaires !

Les résultats positifs du jeu des points peuvent également être analysés en thérapie.

Il sera demandé aux parents et à l'enfant d'expliquer comment ils ont réussi à mettre en place une consigne et de préciser les bénéfices matériels, relationnels et personnels qu'ils en ont retirés.

Le thérapeute démontrera à votre enfant que la stratégie particulière qu'il a mise en place pour réussir peut être généralisée et appliquée à d'autres consignes du même type, familiales ou scolaires.

➤ La thérapie avec l'enfant

Le jeu des points bleus

Si certains items du tableau posent problèmes, le thérapeute cherchera, avec votre enfant *seul*, les raisons de cet échec.

Le cadre thérapeutique et l'assurance du secret médical permettront plus facilement de découvrir les causes de l'opposition. En fonction de celles-ci, la thérapie se centrera sur la souffrance de l'enfant et sa forme variera. Par exemple si l'enfant révèle une anxiété ou une dépression, le traitement changera de forme pour s'axer sur le trouble psychopathologique ainsi révélé.

Pour un thérapeute, le jeu des points n'est pas le traitement du trouble oppositionnel. Il sert à diminuer la tension familiale, à révéler les causes profondes du problème et à aider l'enfant à prendre conscience de ses difficultés.

La résolution de problèmes

Il s'agit d'un travail faisant appel au raisonnement de l'enfant. L'objectif est de montrer comment gérer les situations autrement que par l'opposition ou le conflit familial.

Nous l'avons vu, les opposants, et en particulier les adolescents, sont souvent incapables de régler les problèmes autrement que par l'action : ils « agissent » (ils s'opposent) avant de réfléchir.

Autrement dit, ils ne savent pas traiter cognitivement (intellectuellement) les informations. En outre, ils font des erreurs de raisonnement qui aboutissent au même résultat, c'est-à-dire à une réponse d'opposition. Ce travail cognitif, non fait ou erroné, peut être corrigé à l'aide d'une thérapie cognitive pratiquée par des spécialistes.

La résolution de problèmes est l'une des techniques utilisées dans ce cadre.

LA RÉSOLUTION DE PROBLÈMES : LES PRINCIPES

- Identifier les situations qui posent un problème.
- Poser le problème.
- Rechercher systématiquement différentes solutions afin de résoudre le problème.
- Réfléchir à l'efficacité probable de chacune des solutions en termes d'avantages et d'inconvénients.
- Repérer la solution ayant le maximum d'avantages et le minimum d'inconvénients.
- Appliquer cette solution et en raconter les conséquences au thérapeute.

Les succès ou les échecs enregistrés serviront d'expériences. Ils seront ensuite analysés afin de mettre au point des stratégies utilisables face au même type de problèmes.

Ce type de technique permet d'apprendre à réfléchir avant d'agir. Votre enfant s'apercevra que l'opposition n'est pas la seule réponse possible en cas de problèmes. Il développera de nouvelles stratégies pour « faire face », lesquelles seront ensuite utilisées dans différentes situations et se maintiendront à long terme.

L'affirmation de soi

Les opposants font d'autres erreurs de raisonnement. En particulier, ils imaginent très souvent qu'on veut leur nuire ou qu'on ne les aime pas. Cette croyance est à l'origine d'un fonctionnement social déficitaire : anticipant une réaction négative d'autrui, ils s'opposent et déclenchent ainsi l'agressivité de leur interlocuteur.

Cette hostilité les conforte dans l'idée qu'ils avaient raison de penser qu'on leur voulait du mal. D'où le cercle vicieux :

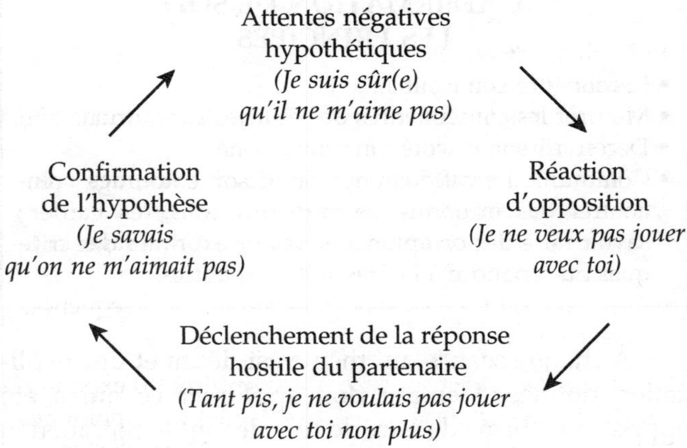

Cette façon de raisonner produit inévitablement des difficultés relationnelles au sein de la famille et, aussi, avec les autres enfants.

Du coup, les opposants développent une mauvaise estime d'eux-mêmes, laquelle se traduit par un sentiment de persécution, l'impression qu'ils ne sont bons à rien, qu'on ne peut pas les aimer.

Les thérapies cognitives permettent de démonter ce mécanisme et de sortir du cercle vicieux. Elles sont le plus souvent couplées avec un réapprentissage de la socialisation. La résolution de problèmes, dont nous avons déjà parlé plus haut (cf. p. 284), y est également enseignée.

L'ensemble de ces traitements est regroupé dans le cadre d'une thérapie d'affirmation de soi. Ce genre de thérapie est pratiqué par des thérapeutes cognitivo-comportementalistes et se déroule sur une douzaine de séances environ.

L'AFFIRMATION DE SOI : LES PRINCIPES

- Reconnaître son trouble.
- Mesurer les conséquences de ses actes sur autrui.
- Découvrir son discours interne erroné.
- Communiquer différemment avec son entourage : rencontrer des inconnus, se faire des amis, les garder ; savoir faire des compliments, savoir exprimer des critiques ou répondre à l'agressivité des autres.

À chaque séance, un thème est défini et une explication donnée. L'enfant doit appliquer ce qui a été appris sous forme de jeux de rôle devant le thérapeute. Il lui est ensuite demandé de se comporter de la même manière dans la vie courante et de raconter les résultats obtenus à la séance suivante.

> La thérapie d'affirmation de soi peut se faire en individuel ou en groupe. La seconde formule est préférable. En effet, votre enfant appliquera plus facilement avec ses camarades ce qu'il a appris durant les séances, si les acteurs des jeux de rôle ont été des enfants[45].

➤ La thérapie en famille

Quelles que soient les causes, certaines familles agissent aussi avant de réfléchir aux situations-problèmes. Dans ce cas, le travail de résolution de problèmes peut être élargi à l'ensemble du groupe familial.

Les situations-problèmes seront énoncées devant l'ensemble des membres réunis et le thérapeute cognitiviste aidera chacun des protagonistes à trouver des solutions autres que le conflit. La solution la plus efficace pour tout le monde sera choisie, utilisée, et ses conséquences analysées.

Ces thérapies familiales permettent de définir des stratégies de groupe qui se maintiennent à long terme et seront réutilisées en cas de nouveau problème. Elles aident également à parler ensemble des situations difficiles et à renouer un dialogue de bonne qualité au sein de la famille.

➤ La thérapie avec d'autres parents

Tout au long de cet ouvrage, nous vous avons expliqué ce qu'est l'opposition, comment vous pouvez l'analyser et quelles sont les stratégies comportementales et cognitives utiles pour faire face.

Notre idée était d'écrire un « self-help book », c'est-à-dire un livre qui vous permette de comprendre et d'agir devant ce trouble psychopathologique qu'est l'opposition. Or il a été montré que l'efficacité de ce genre de publications était augmentée lorsque la lecture était couplée avec une mise en pratique préalable[46].

Il est donc tout à fait utile de discuter de ce livre et de son application au quotidien avec un thérapeute cognitivo-comportementaliste, en individuel ou, en groupe, avec d'autres parents.

En pratique, vous allez choisir de travailler sur une situation de conflit que vous voudriez régler.

LE RÔLE DU THÉRAPEUTE DANS LES GROUPES DE PARENTS

- Communiquer des informations spécialisées sur le trouble.
- Apprendre à analyser et à observer.
- Expliquer les différentes techniques comportementales et/ou cognitives.
- Aider à mettre en pratique ces techniques : c'est le point le plus important dans ce genre de prise en charge, puisqu'il s'agit essentiellement d'un « entraînement ».

Un jeu de rôle est fait : un parent essaie de mettre en pratique l'une des techniques apprises, pendant que l'autre joue le rôle de l'enfant opposant. Le thérapeute et les autres parents font des commentaires sur la méthode afin d'en améliorer l'efficacité. Il vous est ensuite demandé d'appliquer chez vous la technique travaillée et d'en raconter l'efficacité au reste du groupe. Votre succès encouragera les autres parents ; votre éventuel échec sera analysé et la méthode utilisée rediscutée et améliorée.

> L'entraînement pour la mise en pratique d'une technique ressemble à un entraînement sportif : plus on se prépare, plus on est sûr d'être efficace le jour dit. Le thérapeute est une sorte de « coach » ; les autres parents font partie de l'équipe et le soutiennent.

Ces techniques de *training* sont largement utilisées aux États-Unis. Leur efficacité a été démontrée pour la disparition du comportement oppositionnel et le rétablissement à long terme de la communication intrafamiliale[47].

LE GROUPE DE PARENTS : SES AVANTAGES

- Ne plus se sentir seul et découvrir que d'autres parents ont les mêmes difficultés.
- Ne plus se croire coupable et savoir que, même avec la meilleure volonté du monde, il n'est pas toujours facile de gérer l'opposition d'un enfant.
- Partager ensemble les difficultés, les réussites et les « petits trucs ».
- S'encourager et s'épauler : les parents qui pensaient que leurs difficultés étaient insurmontables en rencontrent d'autres qui ont eu les mêmes soucis, les mêmes inquiétudes mais qui en sont venus à bout.
- Exprimer ses émotions, sans crainte d'être jugé.

Attention : il ne s'agit pas de groupe thérapeutique, où chacun se met à nu et dévoile l'intimité familiale.

Les thérapies analytiques

Le principe de base de toute thérapie analytique est de rechercher l'origine du trouble.

Nous avons déjà mentionné les théories psychanalytiques les plus classiques : conflits entre le Ça, le Moi et le Surmoi selon Freud ; complexe d'Œdipe qui réapparaît à l'adolescence selon Melanie Klein ; pathologie du narcissisme et « conduites agies[48] », etc.

Les conflits qui jalonnent le développement de l'enfant sont jugés normaux et doivent se résoudre spontanément. Ils permettent, en fait, de s'adapter, sans séquelle psychologique, et d'avoir des relations de qualité avec son environnement.

Dans cette hypothèse, le comportement oppositionnel serait le résultat d'un échec du processus de résolution des conflits internes. Il exprimerait le malaise déclenché par les luttes incessantes de l'inconscient de l'enfant. Autrement dit, l'opposition disparaîtra une fois que ses conflits seront résolus.

➤ La thérapie avec l'enfant

Le thérapeute analyste tente de faire prendre conscience à l'enfant de ses conflits internes, dans le but de l'amener à les régler.

Pour cela, il utilise le mécanisme du « transfert » défini par Freud : au cours de la cure analytique, le psychanalyste devient peu à peu aux yeux de l'enfant le représentant fantasmatique de la source de ses conflits (le père, la mère, etc.). La protection de la parole par le secret de la consultation permet au jeune patient de vivre consciemment ses conflits internes et, avec l'aide du thérapeute, de les résoudre.

Afin de faciliter l'expression des enfants, les analystes spécialisés dans le traitement des plus jeunes utilisent différents supports de communication : la parole, le dessin, les poupées ou les jeux. L'enfant construit une histoire ; l'analyste y participe, mais il interprète le sens profond de ses actes au patient.

Une technique particulière peut être aussi utilisée, c'est le psychodrame analytique : l'enfant invente un scénario, distribue les rôles et les fait jouer à plusieurs thérapeutes-acteurs. Les interprétations se font au cours ou à la fin du jeu.

> Si elles sont efficaces, ces thérapies sont parfois longues et leurs effets ne se font sentir que pro-

gressivement. D'où l'impression de certains parents que leurs enfants ne font rien d'autre que de « dessiner » !

➤ La thérapie avec la famille

Les parents, les frères et sœurs et l'opposant sont réunis en présence d'un ou de deux thérapeutes analystes.

Le plus souvent, la réunion a lieu dans une salle présentant une glace sans tain, derrière laquelle se trouvent d'autres thérapeutes qui n'interviennent pas directement dans la discussion. La famille discute des conflits avec les thérapeutes présents et cherche ensemble les raisons et l'origine des problèmes.

De leur côté, les thérapeutes observateurs vont enrichir la réflexion des praticiens participants en faisant remarquer certaines interactions qui auraient pu passer inaperçues. Parfois même, les scènes sont filmées et rediscutées « à froid » entre les thérapeutes et la famille.

Les médicaments

Pour comprendre comment agissent les médicaments, il faut d'abord savoir un minimum de choses sur le corps humain.

➤ La machine du cerveau

L'organe central, c'est le cerveau.

Il est constitué de cellules nerveuses qui vont transmettre les informations jusqu'aux autres organes. L'information n'est rien d'autre qu'une substance chimique qui circule de cellule en cellule pour atteindre l'organe qui doit effectuer ce que cette information lui demande. Ces substances chimiques sont appelées neurotransmetteurs. Il en existe plusieurs selon l'information qu'elles ont à véhiculer. Elles portent des noms comme adrénaline, sérotonine, dopamine, etc.

Pour mieux comprendre, imaginez une usine centrale qui fabrique différents produits nécessaires à la consommation. En fonction des demandes, l'usine va envoyer différents camions transportant différents produits là où on en a besoin. L'usine, c'est le cerveau ; les camions, les neurotransmetteurs ; les lieux de consommation, les divers organes de votre corps (muscle, cœur, etc.).

Mais, cette usine peut faire des erreurs de fonctionnement : elle peut manquer de certaines substances ou en amener trop.

➤ Comment fonctionnent les médicaments ?

Prenons un autre exemple.

En simplifiant beaucoup, on peut dire que le stress est un excès d'adrénaline. Ce neurotransmetteur véhicule l'information : « activez l'organe ». Il agit en différents endroits du corps (cœur, respiration, muscles, appareil digestif, cerveau).

Si vous êtes stressé, vous observerez que vous vous agitez, que votre cœur bat plus vite, que votre respiration s'accélère, que vous allez plus souvent aux toilettes, que vous êtes en état d'alerte et d'éveil (il est rare que l'on dorme lorsque l'on est stressé !).

Vos idées vont plus vite et sont centrées sur les différents dangers qui pourraient arriver.

Cet afflux d'idées inquiétantes entraîne une demande importante de neurotransmetteurs. Du coup, votre cerveau continue à en fabriquer. Au besoin, il vous pousse à l'aider dans cette fabrication, en vous donnant l'envie d'augmenter votre consommation de tabac ou de café, lesquels stimulent la production d'adrénaline. C'est un cercle vicieux : le stress appelle le stress…

Les psychothérapies, la relaxation, le sport, l'arrêt de consommation de substances activatrices comme le tabac ou le café sont autant de moyens pour sortir du stress. Parfois, pourtant, cela n'est pas suffisant et il faut apporter au cerveau des neurotransmetteurs véhiculant l'information inverse de celle transportée par l'adrénaline.

C'est précisément le rôle des médicaments.

➤ Le traitement médicamenteux de l'opposition

Il a été démontré que l'impulsivité, le trouble attentionnel, l'agitation et l'agressivité déclenchaient ou perpétuaient le comportement d'opposition et que ces facteurs résultaient de l'hyperfonctionnement de certains médiateurs comme la dopamine[49] ou la sérotonine[50]. L'usage de médicaments a été étudié pour diminuer cet hyperfonctionnement.

Avant de vous citer les traitements qui sont aujourd'hui le plus fréquemment utilisés dans le cadre de l'opposition de l'enfant, n'oubliez pas qu'un médicament est une substance active et qu'il faut, pour cette raison, toujours l'utiliser à bon escient.

LES PRINCIPES DU TRAITEMENT

- Le traitement ne peut être prescrit que par un médecin.
- La durée de prescription doit être la plus courte possible.
- Il faut mesurer l'efficacité du traitement par des contrôles réguliers.
- Le traitement pharmacologique doit toujours être complémentaire d'un travail psychothérapeutique. Il n'est pas question de traiter un trouble oppositionnel uniquement par des médicaments.

La Ritaline® (méthylphénidate)

La Ritaline® est un stimulant de la dopamine. Elle agit en augmentant l'attention et en diminuant l'impulsivité. Son autorisation de mise sur le marché est récente en France puisqu'elle date de 1997.

Toutefois, l'action des stimulants est connue depuis 1937[51] et leurs effets bénéfiques, à court et à long terme, ainsi que leurs effets secondaires, ont été étudiés pendant presque trente ans[52].

> Aujourd'hui, la Ritaline® est surtout utilisée dans le trouble déficitaire de l'attention[53], mais elle est également efficace chez les opposants particulièrement impulsifs.

Ce médicament permet à ces enfants de réfléchir avant d'agir et d'aller jusqu'au bout de leurs tâches. Les relations sociales et les performances s'en trouvent améliorées. Ces améliorations augmentent l'estime de l'enfant et les renforcements positifs de l'environnement entraînent ensuite, par le processus d'apprentissage, le maintien à long terme des bénéfices obtenus, au départ, par le traitement.

> **Attention :** il ne s'agit pas, comme on a pu le lire dans une certaine presse, de la pilule de l'obéissance ! Les parents qui l'utilisent vous le diront : il est plus facile de discuter avec son enfant, il est moins impétueux dans ses réactions, mais il « a toujours son petit caractère ! »

La Ritaline® a une action rapide. Elle est également éliminée rapidement par l'organisme (en moins de six heures). En raison de cette disparition rapide, et malgré des effets proches de ceux des amphétamines, il n'y a pas d'accoutumance au traitement.

De plus, sa prescription obéit à des règles strictes : première prescription en milieu hospitalier ; surveillance par le médecin ; et renouvellement sur ordonnances sécurisées pour une durée limitée. Les effets secondaires les plus fréquents sont une baisse de l'appétit et des difficultés d'endormissement. Les tics sont la seule contre-indication.

> Comme pour tous les traitements médicamenteux, l'utilisation de la Ritaline® doit toujours être complémentaire d'une autre forme de thérapie.

Ce médicament est sujet à controverse.

Trop largement utilisé aux États-Unis, il a mauvaise presse en France. Comme tout traitement, il a des détracteurs et des utilisateurs. Il n'est pas de mon propos de prendre parti. Je souhaitais simplement vous dire que ce traitement existe, qu'il a ses indications et qu'utilisé correctement par un spécialiste qui le connaît il est efficace et utile dans certaines formes du trouble oppositionnel avec provocation ou du trouble déficitaire de l'attention avec hyperactivité.

Les antidépresseurs

Les antidépresseurs, en particulier l'Anafranil® (clomipramine), ont été étudiés dans les troubles oppositionnels et le trouble déficitaire de l'attention avec hyperactivité[54]. Ils agissent même si l'enfant n'est pas déprimé.

Leur efficacité est identique à celle de la Ritaline®. Toutefois, leur délai d'action est long (quelques semaines) et ils présentent de nombreux effets secondaires.

> L'utilisation des antidépresseurs doit être réservée aux formes graves du trouble oppositionnel qui n'ont pas été améliorées par la Ritaline®.

Les agents anti-agressifs

Les enfants opposants particulièrement agressifs risquent de développer par la suite un trouble des conduites. Il est donc souvent nécessaire de leur proposer un traitement médicamenteux.

Plusieurs molécules ont montré leur efficacité en tant qu'agents anti-agressifs :

— Le lithium est un régulateur des troubles de l'humeur. On sait aussi qu'il diminue l'agressivité[55]. Toutefois, il présente de nombreux effets secondaires et nécessite une surveillance très stricte.

— Le Tégrétol® (carbamazépine), habituellement utilisé dans l'épilepsie, a un effet anti-agressif démontré[56]. On le préfère actuellement au lithium.

— Le Catapressan® (clonidine) est un hypertenseur. Il pourrait avoir les mêmes effets que le

Tégrétol® ou le lithium. Les études[57] sont actuellement en cours.

Les méthodes complémentaires

➤ La relaxation

La relaxation est tout à fait applicable chez les enfants[58]. Elle détend, diminue l'agitation et la nervosité. Si elle ne permet pas de traiter le trouble oppositionnel, elle aide en revanche les enfants très « physiques » à se contrôler.

➤ Le sport

Nous ne saurons jamais assez vous conseiller l'utilisation du sport en complément de la thérapie, surtout si votre opposant est particulièrement énergique.

Les arts martiaux (judo, karaté, etc.) lui permettront d'utiliser son agressivité dans le respect de l'adversaire. Les sports d'équipe l'aideront à améliorer ses relations sociales. Il y découvrira, outre le respect des règles, que l'individualisme fait perdre l'équipe à laquelle on appartient.

> Le sport libère l'énergie et la tension accumulées par les contraintes quotidiennes. Cela est aussi vrai pour les parents. Essayez donc de faire du sport avec votre enfant. Outre le bénéfice physique que vous en retirerez, vous améliorerez la communication et les échanges familiaux.

➤ Les rééducations

Selon les études, 10 à 30 % des patients souffrant d'un trouble oppositionnel avec provocation pathologique présentent aussi un trouble des apprentissages associé. L'échec en classe peut donc être la cause ou le retentissement d'un comportement oppositionnel lié à la scolarité.

> Un bilan orthophonique doit toujours être fait en cas de retentissement de l'opposition sur les apprentissages. Une dyslexie, une dysorthographie ou une dyscalculie ainsi révélées doivent alors être rééduquées.
> De même, certains enfants opposants sont agités, tendus et nerveux par manque de coordination motrice. Une rééducation psychomotrice peut alors les aider à contrôler leur corps.

➤ Les interventions en milieu scolaire

Lorsque l'opposition se manifeste à l'école, il est souvent utile que le thérapeute intervienne dans le cadre scolaire. Son travail consiste alors à :

— informer les enseignants sur le trouble oppositionnel,

— recueillir des renseignements sur l'attitude de l'enfant en classe et sur ses relations avec ses camarades,

— utiliser l'enseignant comme observateur et évaluateur des changements au cours de la thérapie,

— donner des conseils à l'enseignant afin de l'aider à gérer les situations conflictuelles ou à les éviter.

L'intervention du thérapeute en milieu scolaire se fait uniquement avec l'accord des parents et dans le respect du secret médical.

Récapitulons

Nous avons essayé de vous donner la liste la plus exhaustive des traitements ayant une efficacité dans le trouble oppositionnel de l'enfant.

La lecture de ce chapitre doit vous permettre de mieux comprendre la démarche thérapeutique qui vous sera proposée. Elle doit aussi vous faire comprendre à quel point il est important que vous interveniez et participiez à la thérapie de votre enfant.

Toutes les thérapies que nous avons décrites sont complémentaires. Elles peuvent être réalisées simultanément ou successivement.

Ainsi, il peut se révéler nécessaire, dans un premier temps, de lever l'opposition par des techniques d'extinction-renforcement. Dans un deuxième temps, un travail sur l'estime de soi du patient pourra être entrepris, auquel on associera éventuellement un travail familial, analytique ou une chimiothérapie. Enfin si l'opposition levée dévoile un autre trouble psychopathologique, une thérapie adaptée à ce trouble sera mise en place.

LES DIFFÉRENTS TRAITEMENTS UTILISABLES DANS LE CADRE DE L'OPPOSITION

Type de thérapie	Spécificité	Les praticiens compétents	Pour qui ?	Les techniques utilisées
Psychothérapie	Psychothérapie de soutien	Thérapeute neutre	Parents Enfant	Écoute – Aide
	Thérapie cognitive et comportementale	Thérapeute formé aux thérapies cognitives et comportementales	Parents Enfant Famille	Extinction – renforcement Résolution de problème Affirmation de soi
	Psychothérapie analytique	Thérapeute formé en psychanalyse	Enfant Famille	Psychanalyse Psychodrame
Chimiothérapie	Psychotropes	Médecin Psychiatre Pédopsychiatre	Enfant	Ritaline® Antidépresseurs Agents anti-agressifs

Rééducation	Orthophonie Psychomotricité	Orthophoniste Psychomotricien	Enfant	Rééducation du langage écrit, calcul Contrôle motricité
Intervention en milieu scolaire	Échanges école, famille, thérapeute	Thérapeute	Enseignant	Aide et information en respect du secret professionnel
Autres	Relaxation	Thérapeute formé	Enfant	Détente
	Sports	Famille – Groupe – Sport	Enfant	Échanges Respect des lois
	Jeux en famille	Famille	Famille – Enfant	Compétition bénéfique

Chapitre 22

Les clés de la réussite

Toute prise en charge demande du courage, une certaine abnégation, de la patience, de l'énergie et, pour les thérapies, un investissement financier. Le jeu des points prend du temps et impose une négociation pas toujours évidente avec ses enfants.

Aller en thérapie suppose de se déplacer, de déranger ses habitudes, de se remettre en question. Vous passerez outre toutes ses contraintes, si vos efforts sont couronnés de succès. Autrement dit, si leurs conséquences sont positives.

> Il est donc absolument nécessaire, avant de choisir un traitement, de déterminer des objectifs précis. C'est à cette condition que vous pourrez mesurer vraiment les progrès de votre enfant.

Mais il n'est pas facile de déterminer ses objectifs. Les parents que je reçois formulent souvent des demandes générales : « Nous voudrions qu'il change, qu'il soit bien dans sa peau. Faites-le parler, docteur. »

Or, sachez une chose, un opposant est rétif à toute thérapie. Il n'en voit pas l'intérêt, ne comprend pas ce qu'il fait chez un « psy » (puisqu'il n'est pas « fou ») et il a bien l'intention de tout faire échouer pour que vous le compreniez.

Vous pouvez anticiper sur cette réaction de la façon suivante.

➤ Montrez à votre enfant la liste des situations-problèmes que vous avez soigneusement notées sur un cahier

Il verra ainsi en quoi son comportement vous gêne.

Cette prise de conscience, nous l'avons dit, suffit souvent à restaurer le dialogue. Vous insisterez sur le fait que vous avez décidé de mettre un terme à ces difficultés et que vous voulez discuter avec lui des modalités de changement. Deux cas de figure peuvent alors se présenter :

1. Votre enfant est d'accord et vous choisissez ensemble le type de prise en charge que vous souhaitez.

2. Votre enfant refuse en bloc. Dans ce cas, et afin d'éviter le combat, emmenez-le chez un thérapeute. Là, vous ferez à nouveau part de vos observations et de la nécessité de changement.

Vous allez me dire que votre opposant va évidemment refuser ! C'est probablement vrai, mais vous lui montrerez ainsi votre détermination. La présence du thérapeute donnera un caractère de gravité à la situation. Il verra que vous prenez les choses très au sérieux et que vous n'avez plus l'intention de vous laisser manipuler.

Votre enfant a désormais un nouvel interlocuteur : le thérapeute. Il va essayer de s'y opposer, mais vous aurez dévié le conflit sur une autre personne qui, par son expérience, sa neutralité et sa formation, saura y faire face.

➤ Déterminez des objectifs prioritaires précis, à court ou, éventuellement, à moyen terme

Exemples : se coucher sans râler ; finir ses devoirs sans vous obliger à intervenir ; arrêter de se bagarrer, etc.

Si vous avez des objectifs simples et à court terme, vous verrez plus rapidement les changements. Chaque succès vous renforcera dans la poursuite de la prise en charge.

➤ Discutez avec votre enfant de vos objectifs

Et demandez-lui ses priorités. Elles ne seront probablement pas les mêmes que les vôtres, mais qu'importe ! Faites un mélange des besoins de chacun et fixez de nouveaux objectifs.

L'important est d'arriver au but, quelle que soit la route prise.

➤ Discutez de vos objectifs avec le thérapeute

D'abord parce que vous faites équipe avec lui.

Ensuite, parce que, au terme de son bilan, il aura peut-être des informations complémentaires qui changeront les données du problème.

Enfin, et surtout, parce qu'il vaut mieux que vous sachiez d'emblée si vos attentes sont compatibles avec sa pratique.

Vous risquez, dans le cas contraire, d'interrompre la thérapie, car les résultats obtenus ne seront pas ceux que vous escomptiez. Ainsi, le thérapeute peut décider de gérer d'abord l'estime de soi de votre opposant alors que vous souhaitez, vous, une amélioration rapide de ses résultats scolaires.

> Un travail d'équipe se fait en concertation, chacun y apporte son savoir-faire et ses connaissances. À l'arrivée, tout le monde est gagnant !

Un dernier mot

Il y a quelque temps, une maman qui venait d'utiliser le jeu des points bleus avec succès me dit ceci : « Avant, mon fils et moi avions beaucoup de conflits et de situations dures. Entre lui et moi, il y avait comme un mur ; on était chacun d'un côté. On n'arrivait plus à communiquer ; on ne se rencontrait plus. Maintenant, tout est ouvert, nous avons découvert d'autres perspectives. On négocie, on envisage d'autres choses, on avance ! »

J'ai essayé, tout au long de ce livre, de vous faire comprendre que l'opposition était inéluctable mais qu'elle n'était pas un fléau.

Pour forger ses crocs et découvrir sa force de caractère, un petit d'homme doit se confronter aux lois de son environnement. Il ne cherche pas la bataille, il veut tester ses propres limites et celles de la société dans laquelle il évolue.

Afin de trouver sa place, il a besoin de voir que la famille, l'école et, plus largement, le monde qui l'entoure ont des remparts solides. Et pour ne pas quitter la forteresse, il a besoin de comprendre pourquoi elle a été érigée.

Ce qui veut dire, en clair, qu'il est tout aussi nécessaire d'imposer des limites que d'expliquer pourquoi ces limites existent.

Face à un enfant opposant ou à une situation d'opposition, je vous ai plusieurs fois demandé de ne pas entrer dans un combat ou de culpabiliser.

Il n'est évidemment pas question non plus de céder à toutes les exigences de votre enfant, qui se sentirait alors tout-puissant et risquerait de se marginaliser. L'absence de limites, tout comme le trouble oppositionnel, peut être à la base d'un trouble des conduites.

L'opposition est un signe de bonne santé mentale mais aussi un indicateur de difficulté psychologique. J'espère vous avoir indiqué comment trouver les moyens d'y faire face et de situer les limites entre le normal et le pathologique.

« La connaissance et l'amour ont pour effet d'abolir les oppositions », écrivit un jour André Pieyre de Mandiargues. Monsieur de Mandiargues, certes, n'a pas lu ce livre, mais il résume fort bien mon ambition : vous donner une certaine connaissance qui, couplée à votre amour de parents, vous permettra de venir à bout des situations d'opposition que vous rencontrez avec votre enfant.

Notes bibliographiques

1. Liberman (1997).
2. Paterson (1980).
3. Freud (1967).
4. Beck (1979).
5. Beck (1979).
6. Ellis (1962).
7. Freud (1967).
8. Van Rillaer (1992).
9. Spitz (1971).
10. Klein (1959).
11. Magerotte (1996).
12. Magerotte (1996).
13. Michelson (1987).
14. Barkley (1990).
15. Piaget (1954).
16. Mazet et Stoleru (1993).
17. Achenbach et Edelbrock (1983).
18. Braconnier et Marcelli (1998).
19. Sauvage et coll. (1982).
20. Jeammet (1985).
21. Freud A. (1975).
22. Klein M. (1959).
23. DSM-IV (1996).
24. DSM-IV (1998).
25. Kreisler (1981).
26. DSM-IV.
27. Paterson et coll. (1992).

28. American psychiatric association (1994).
29. Farrington (1995).
30. Tschann et coll. (1996).
31. Frick et coll. (1991).
32. Kruesi et coll. (1992).
33. Paterson et coll. (1992).
34. Paterson (1992).
35. Lahey et coll. (1992).
36. Skinner (1974).
37. Barkley (1997).
38. Tharp (1969).
39. Frick et coll. (1991).
40. Williams et McGee (1996).
41. David (1999).
42. Cottraux (1980).
43. Barkley (1997).
44. André et Légeron (1998).
45. George et Vera (1999).
46. Boisvert et Beaudry (1979).
47. Barkley (1997) ; Braswell et Bloomquist (1991).
48. Jeammet (1985).
49. Castellanos et Rapoport (1992).
50. Coccaro et coll. (1989).
51. Bradley (1937).
52. Conners (1966).
53. Greenhill (1992) ; Du Paul et coll. (1994) ; Spencer et coll. (1996).
54. Biederman et coll. (1989 et 1993) ; Wilens et coll. (1995).
55. Eichelman (1987, 1992) ; Campbell et coll. (1995).
56. Barrat (1993) ; Cueva et coll. (1996).
57. Kemph et coll. (1993).
58. Bergès et Boune (1990).

Références bibliographiques

ACHENBACH T. M. et EDELBROCK C. S. (1983), *Manual for the child behavior check-list and revised child behavior profile*, Burlington, VT.

American Psychiatric Association (1994), *Diagnostic and statistical manual of mental disorders* (4e éd.) Washington DC ; *Manuel diagnostique et statistique des troubles mentaux* ; trad. fr., Paris, Masson, 1996.

ANDRÉ C. et LÉGERON P. (1998), *La peur des autres*, Paris, Odile Jacob.

BARKLEY R. A. (1990), *Attention deficit hyperactivity disorder : A Handbook for diagnostics and treatment*, New York, The Guilford Press.

BARKLEY R. A. (1997), *Defiant children : A clinician's Manual for assessment and parent training*, New York, The Guilford Press.

BARRATT E. S. (1993), « The use of anticonvulsants in aggression and violence », *Psychopharmacol. Bull.* 29 : 75-81.

BECK A.T., RUSH A. J., SHAW B. F., EMERY G. (1979), *Cognitive therapy of depression*, New York, The Guilford Press.

BERGES J. et BOUNES M. (1990), *La relaxation thérapeutique chez l'enfant*, Paris, Masson (4e éd.).

BIEDERMAN J., BALDESSARINI R. J., WRIGHT V., KNEE D. et HARMATZ J.-S. (1989), « A double-bind placebo controlled study of desipramine in the treatment of ADD : I. Efficacy », *J. Am. Acad. Child Adolesc. Psychiatry*, 28 : 777-784.

BIEDERMAN J., BALDESSARINI R. J., WRIGHT V., KEENAN K. et FARAONE S. (1993), « A double-bind placebo controlled study of desipramine in the treatment of attention deficit disorder : III. Lack of impact of comorbidity and family history factors on clinical response », *J. Am. Acad. Child Adolesc. Psychiatry*, 32 : 199-204.

BOISVERT J.-M. et BEAUDRY M. (1979), *S'affirmer et communiquer*, Montréal, Éditions de l'Homme.

BRADLEY W. (1937), « The behavior of children receiving benzedrine », *Am. Journal of Psychiatry*, 94 : 577-585

BRASWELL et BLOOMQUIST (1991), *Cognitive-behavioral therapy with ADDH children : child, family and school intervention*, New York, The Guilford Press.

BRACONNIER A. et MARCELLI D. (1998), *L'adolescence aux mille visages*, Paris, Odile Jacob.

CAMPBELL M., ADAMS P. B., SMALL A. M., KAFANTARIS V., SILVA R. R., SHELL J., PERRY R., OVERALL J. E. (1995), « Lithium in hospitalized agressive children with conduct disorder : A double-blind and placebo controlled study », *J. Am. Acad. Child Adolesc. Psychiatry*, 34 : 445-453.

CASTELLANOS F. X. et RAPOPORT J.-L. (1992), « Etiology of attention-deficit hyperactivity disorder », *Child Adolesc. Psychiatr. Clin. North Am.*, 1 (2) : 373-384.

COCCARO E. F., SIEVER L. J., KLAR H. *et al.* (1989), « Serotonergic studies of personality disorder : correlates with behavioral aggression and impulsivity », *Arch. Gen. Psychiatry*, 24 : 156-160.

CONNERS C. K. (1966), « The effects of dexedrine on rapid discrimination and motor control of hyperkinétic children under mild stress », *Journal of Nervous and Mental Disease*, 142 : 420-433.

COTTRAUX J. (1990), *Les thérapies comportementales et cognitives*, Paris, Masson.

CUEVA J. E., OVERALL J. E., SMALL A. M., ARMENTEROS J.-L., PERRY R., CAMPBELL M. (1996), « Carbamazepine in aggressive children with conduct disorder : A double-bind and placebo controlled study », *J. Am. Acad. Child Adolesc. Psychiatry*, 34 : 480-490.

DAVID M. et JÉRÉMIE J. (1999), *Guide de l'aide psychologique de l'enfant*, Paris, Odile Jacob.

DU PAUL G., BARKLEY R., MCMURRAY M., (1994), « Response of children with ADHD to methylphenidate : interaction with internalizing symptoms », *J. Am. Acad. Child Adolesc. Psychiatry*, 33 : 894-903.

EICHELMAN B. (1987), *Neurochemical and psychopharmacologic aspects of aggressive behavior, in psychopharmacology the third generation of progress*, New York, Raven Press, p 697-704.

EICHELMAN B. (1992), « Agressive behavior : from laboratory to clinic : quo vadit ? », *Arch. Gen. Psychiatry*, 49 : 488-492.

ELLIS A. (1962), *Reason and Emotion in psychotherapy*, New York, Lyle Stuart.

FARRINGTON D. P. (1995), « The twelfth Jack Tizard memorial lecture. The development of offending and antisocial behavior from childhood. Key findings from the Cambridge study in delinquent development », *Journal of child psychology and psychiatry*, 360 : 929-964.

FREUD S. (1967), *Introduction à la psychanalyse*, Paris, Payot.

FREUD A. (1975), *Le Moi et les mécanismes de défense*, 8e éd., Paris, PUF.

FRICK P. J., KZMPHAUS R. W., LAHEY B. B. *et al.* (1991), « Academic underachievement and the disruptive behavior disorders », *J. Consult. Clin. Psychol.*, 59 : 289-294.

GEORGE G., VERA L. (1999), *La timidité de l'enfant et de l'adolescent, Approche comportementale et cognitive*, Paris, Dunod.

GREENHILL L. L. (1992), « Pharmacotherapy : Stimulants », *Child Adolesc. Psychiatr. Clin. North Am.*, 1 (2) : 411-447.

JEAMMET P. (1985), « Actualités de l'agir », *Nouv. Rev. Psychanal.*, 31 : 201-222.

KEMPH J.-P., DEVANE C. L., LEVIN G. M., JARECKE R., MILLER R. L. (1993), « Treatment of aggressive children with clonidine : results of an open pilot study », *J. Am. Acad. Child Adolesc. Psychiatry*, 32 : 577-581.

KLEIN M. (1959), *La psychanalyse des enfants*, Paris, PUF.

KREISSLER L. (1981), *L'enfant du désordre psychosomatique*, Toulouse, Privat.

KRUESI M. J. P., HIBBS E. D., ZAHN T. P. et coll. (1992), « A two year prospective follow up study of children and adolescents with disruptive behavior disorders. Prediction by cerebrospinal fluid 5-hydroxyindoleacetic acid homovanillic acid, and autonomic measures », *Arch. Gen. Psychiatry* 49 : 429-435.

LAHEY B. B., LOEBE R., QUAY H. C., FRICK P. J. et GRIMM J. (1992), « Oppositional defiant and conduct disorders : Issues to be resolved for DSM-IV », *J. Am. Acad. Child Adolesc. Psychiatry*, 31 : 539-546.

LIEBERMAN A. (1997), *La vie émotionnelle du tout-petit*, Paris, Odile Jacob.

MAGEROTTE G. (1996) : *Manuel d'éducation comportementale clinique*, Liège, Mardaga.

MAZET P. et STOLERU S. (1993), *Psychopathologie du nourrisson et du jeune enfant*, Paris, Masson.

MICHELSON L., SUGAI D. P., WOOD R. P. et KAZDIN A. E. (1987), *Las habilidades sociales en la infancia*. Biblioteca de Psycologia, Psiquiatria y Salud, Barcelone, Martinez Roca.

PATERSON G. R. (1980), *The unacknowledged victims ; monograph of the society for research in child development*, n° 45, 5.

PATERSON G. R., REID J.-B. et DISHION T. J. (1992), *Antisocial boys*, Castalia, Eugene, OR.

PIAGET J. (1954), « Les relations entre l'affectivité et l'intelligence dans le développement mental de l'enfant », *Bulletin de psychologie du groupe d'études de psychologues de l'université de Paris*, n°s 3-4, 6-7 et 12.

SAUVAGE D., GONZALES A. M., LARMANDE C., LEDDET I. et BARTHÉLÉMY C. (1982), « Les troubles fonctionnels du 1er trimestre observés à l'hôpital », *Neuro-Psychiatr. enf., adol.*, 0, (4-5), p. 193-196.

SKINNER B. F. (1974), *L'analyse expérimentale du comportement*, Bruxelles, Dessart et Mardaga.

SPENCER T., BIEDERMAN J., WILENS T., HARDING M., O'DONNEL D. et GRIFFIN S. (1996), « Pharmacotherapy of attention-deficit hyperactivity disorder across the life cycle », *J. Am. Acad. Child Adolesc. Psychiatry*, 35 : 4 ; 409-432.

SPITZ R. (1971), *De la naissance à la parole*, Paris, PUF.

THARP R. G. et WETZEL R. J. (1969), *Behavior modification in the natural environment*, New York, Academic Press.

TSCHANN J.-M., KAISER P., CHESNEY M. A., ALKON A. et BOYCE W. T. (1996), « Resilience and vulnerability among preschool children : Family functionning, temperament, and behavior problems », *J. Am. Acad. Child Adolesc. psychiatry*, 35, 184-191.

VAN RILLAER J. (1992), *La gestion de soi*, Liège, Mardaga.

WILENS T. E., SPENCERS T., BIEDERMAN J., WOZNIAK J., CONNOR D. (1995), « Combined pharmacotherapy : an emerging trend in pediactric psychopharmacology », *J. Am. Acad. Child Adolesc. Psychiatry*, 34 : 110-112.

WILLIAMS S., MCGEE R. (1996), « Reading in childhood and mental health in early adulthood », *in* Beitchman J. H., Cohen N. J., Konstantareas M. M., Tannock R. eds, *Language, Learning, and Behavior Disorders, Developmental, Biological, and Clinical Perspectives*, New York, Cambridge University Press.

Index

Ouvrage proposé
par Christophe André

Cet ouvrage a été transcodé et mis en pages
chez Nord Compo (Villeneuve d'Ascq)

Impression réalisée sur Presse Offset par

CPI
Brodard & Taupin
La Flèche (Sarthe), le 19-08-2008
N° d'impression : 48593
N° d'édition : 7381-2146-X
Dépôt légal : septembre 2008

Imprimé en France